Flugzeug-Legende Ju 52
Geschichte und Technik, Passagierflüge und Kriegseinsätze

Lufthansa-Rendezvouz in der Luft: Die Junkers Ju 52/3m D-AQUI
und die Boeing 737-500 D-ABIH vor der Pazifikküste bei Seattle

Foto: Rebenich/Lufthansa

Helmut Erfurth

FLUGZEUG-LEGENDE JU 52

Geschichte und Technik, Passagierflüge und Kriegseinsätze

Impressum

Unser komplettes Programm:
www.geramond.de

Produktmanagement: Michael Dörflinger
Satz: Silke Schüler, München
Repro: Cromika, Verona
Umschlaggestaltung:
Jarzina Kommunikationsdesign, Holzkirchen
Herstellung: Anna Katavic

Gesamtherstellung:
GeraNova Bruckmann Verlagshaus GmbH

Alle Angaben dieses Werkes wurden von den Autoren sorgfältig recherchiert und auf den aktuellen Stand gebracht sowie vom Verlag geprüft. Für die Richtigkeit der Angaben kann jedoch keine Haftung übernommen werden.
Für Hinweise und Anregungen sind wir jederzeit dankbar. Bitte richten Sie diese an:
GeraMond Verlag
Lektorat
Postfach 40 02 09
D-80702 München
E-Mail: lektorat@geramond.de

Die Deutsche Nationalbibliothek verzeichnet diese Publikation in der Deutschen Nationalbibliografie; detaillierte bibliografische Daten sind im Internet über http://dnb.d-nb.de abrufbar.

© 2013 GeraMond Verlag GmbH, München
ISBN 978-3-95613-401-2

Inhalt

Vorwort 6

Abenteuer einer alten Dame 8
Rekonstruktion als Abenteuer

Am Anfang stand die Junkers F 13 15
Das erste Passagierflugzeug entsteht

Holme, Spanten, Wellblech 25
Zur Konstruktion der Ju 52/3m

Vom Passagierflugzeug zum Transportflugzeug 39
Über die Janusköpfigkeit der Technik

Im administrativen Einsatz der fliegenden Verbände ... 45
Die Ju 52 im Kriegseinsatz

Als fliegender Prüfstand 54
Forschung im Versuchsflug

Ju 52 – Folgemuster und Weiterentwicklungen 62
Vom Wellblech zur Glattblech-Bauweise

Ein Name für Sicherheit, Zuverlässigkeit und Komfort ... 66
Junkers-Qualität hat Weltniveau

Ju 52 – Markenzeichen einer Generation 81
Eine Legende als Image-Träger

Technik im Detail 97
Faszination des Fliegens

Leidenschaft und Nostalgie 106
Fliegen ohne Ende mit der Legende

Dokumentation 117
Baubeschreibung, ausgewählte Baureihen; im Flugdienst der DLH

Am 28. Dezember 1984 landete in Hamburg die „IRON Annie". Die Deutsche Lufthansa hatte die Junkers Ju 52 in den USA gekauft, um sie von Grund auf zu restaurieren und als Traditionsflugzeug zu nutzen. Foto: Lufthansa

Vorwort

Ideen, Phantasie, Pioniergeist, technisches Wissen, aber auch Wagemut waren die Triebkräfte in der Entwicklungsgeschichte der Luftfahrt. Mit dem Bau des ersten freitragenden Ganzmetall-Flugzeuges der Welt, der Junkers J 1, das am 15. Dezember 1915 zu seinem Erstflug abhob, begann die Ära unserer heutigen modernen Luftfahrt. Mit der Junkers F 13 ging Hugo Junkers wieder einen Schritt in der Luftfahrtentwicklung weiter. Die Junkers F 13 war das erste Ganzmetall-Kabinen-Verkehrsflugzeug der Welt. Am 13. September 1919 wurde mit dieser einmotorigen Maschine in Tiefdecker-Bauweise mit acht Personen (Brandenburg, Duckstein, Erfurth, Gsell, Madelung, Müller, Werkpiloten Monz und Schmitz) ein Höhenweltrekord von 6.750 Metern aufgestellt.

Seit diesem Zeitpunkt galten die Junkers-Werke in Dessau als Inbegriff des modernen Luftfahrtgedankens. Sie entwickelten sich zu einem Zentrum der Weltluftfahrt, einer Ideenschmiede, in der Innovation und modernstes Know-how Hand in Hand gingen.

Die Junkers Ju 52/3m gehört zu den bekanntesten Flugzeugtypen der Welt und war wohl das meistgeflogene Flugzeug ihrer Zeit. Kaum ein anderes Flugzeug charakterisiert die Entwicklung der internationalen Luftfahrtgeschichte wie dieser Junkers-Flugzeugtyp. Die Ju 52/3m ist der letzte Flugzeugtyp, der unter der Leitung von Professor Hugo Junkers entstand. Wie kein anderes Junkers-Flugzeug verdeutlicht sie die Summe von Erfahrungen und Forschungsergebnissen in der Luftfahrtentwicklung zu Beginn der 1930er-Jahre.

Kaum eine Fluggesellschaft in der nicht die Ju 52 vertreten war. Die meisten Pionierflüge wurden mit ihr geflogen. Dank ihrer soliden Konstruktion und ihres aerodynamisch zeitgemäßen Designs besaß sie gute Flugeigenschaften und einen geringen Wartungsaufwand. Dieses tragfähige Konzept, in Verbindung mit der sprichwörtlichen Sicherheit, Solidität und Wirtschaftlichkeit, war der Grund für den weltweiten Erfolg der Ju 52. Auch die Geschichte der alten Deutschen Luft Hansa AG (DLH) ist eng mit dem Namen der Ju 52/3m verbunden.

Sogar in den Public Relations nimmt die Junkers Ju 52/3m eine wichtige Rolle ein. Ihr internationaler Bekanntheitsgrad, ihre große Beliebtheit und Zuverlässigkeit waren vorteilhafte Werbeträger. Vom Kofferaufkleber bis hin zum Plakat warben in den 1930er-Jahren zahlreiche Fluggesellschaften mit dem Konterfei der Ju 52. Auf einem weiteren Gebiet kann die Ju 52 einen Rekord aufweisen: Kein Flugzeugtyp wurde weltweit so oft auf Briefmarken abgebildet wie die Junkers Ju 52.

Die Ju 52 besitzt noch nach rund acht Jahrzehnten eine ungebrochene große Anziehungskraft. Als fliegende Legende repräsentiert sie signifikant den Zeitgeist einer ganzen Generation, die vom wissenschaftlich-technischen Fortschritt, von naturwissenschaftlichen Forschungen und dem damit verbundenen Glauben an die scheinbar grenzenlosen Entwicklungsmöglichkeiten der Technik geprägt war.

Als fliegende Legende repräsentiert sie den Zeitgeist einer ganzen Generation, die vom wissenschaftlich-technischen Fortschritt, von naturwissenschaftlichen Forschungen und dem damit verbundenen Glauben an die scheinbar grenzenlosen Entwicklungsmöglichkeiten der Technik geprägt war.

Professor Hugo Junkers sah als Ingenieur, Unternehmer, Wissenschaftler und Weltbürger in der Luftfahrt die größte Chance, die Menschen aller Kontinente einander näher zu bringen. Unabhängig von Herkunft, Kultur und Religion sollte jeder am sozialen und technischen Fortschritt teilhaben. So steht der Name Junkers nicht nur für den geistigen Vater der legendären Ju 52, sondern auch für den wesentlichen Wegbereiter der Passagier-Fluglinien im In- und Ausland. Gerade die dreimotorige Ju 52 machte den Namen Hugo Junkers weltbekannt. Sie flog auf allen Kontinenten und in allen Klimazonen von den Tropen des Äquators bis zum nördlichsten Eismeer, brachte für Personal und Passagiere einen hohen Standard in Bezug auf Service, Sicherheit und Wirtschaftlichkeit der Maschinen.

Dessau, im Mai 2013
Helmut Erfurth

Rekonstruktion als Abenteuer

Abenteuer einer alten Dame

Im Sommer 1991 präsentiert sich die Junkers Ju 52/3m nach einer Reihe von technischen Ergänzungen auf ihrem Heimatflughafen Berlin-Tempelhof. Im äußerlichen Erscheinungsbild fallen die geänderte Nasenkante der Maschine und die neuen Drei-Blatt-Luftschrauben auf. Vergleiche Abbildung auf Seite 82. Die veränderten Propeller sind jetzt mit einem Untersetzungsgetriebe, das dem neuesten technischen Standard entspricht, ausgestattet. Daraus resultiert eine Geschwindigkeitserhöhung der Ju 52 bei gleichzeitiger Reduzierung des Lärmpegels, der bereits weit unter den gesetzlich einzuhaltenden Werten liegt.

Ist es Faszination oder Nostalgie, wenn man gebannt in den Himmel schaut, weil ein markantes, rhythmisches Triebwerksgeräusch zu hören ist und wenig später im Blickfeld die unverwechselbare Silhouette eines dreimotorigen Flugzeuges erscheint? Woher kommt diese Anziehungskraft, diese nicht enden wollende Begeisterung für die Anfänge unserer heutigen modernen Luftfahrt?

Was weckt den Wunsch, mit viel Engagement und Zielstrebigkeit einen Rundflug in eben diesem Wellblech-Adler zu buchen, um danach in einer Höhe von circa 2.500 Metern und einer durchschnittlichen Geschwindigkeit von 180 Kilometern pro Stunde geruhsam die vorbeiziehende Landschaft zu betrachten?

Ist es der uralte Traum der Menschheit, sich wie ein Vogel in die Lüfte zu erheben, die Bewegungen des Windes zu verspüren und die Welt von oben zu sehen, um eins zu sein mit der Natur? Ist es Pioniergeist, ein Drang zum Neuen? Der Wunsch, ein Abenteuer zu erleben?

Niemand wird mit Gewissheit sagen können, welche Triebkräfte entscheidend waren. Jedenfalls ist dem Menschen der Schritt vom Fliegen wollen zum Fliegen können geglückt. Im heutigen Zeitalter der Jets und Jumbos ist das Erinnern an die Anfänge der Luftfahrt, als die Junkers Ju 52 als charakteristisches Sinnbild für technischen Fortschritt stand, eine Passion für Alt und Jung. In einer modernen Welt sind Flexibilität und Schnelligkeit tonangebend. Informationen per Internet und Datenbank. Wenn wir rasch weite Distanzen überwinden wollen, dann reisen wir meist per Flugzeug. Viele Güter legen Ihren Weg per Luftfracht zurück. Das Flugzeug ist ein Teil unserer Wirtschaft und Kultur, es ist aus dem modernen Verkehrsalltag nicht mehr wegzudenken.

DER KICK ALTER MASCHINEN

Dabei ist der Motorflug gerade erst einmal 100 Jahre alt. Als am 17. Dezember 1903 die Brüder Wright südlich von Kitty Hawk ihr erstes motorgetriebenes bemanntes Flugzeug gegen den Wind starteten, dauerte der Flug nur zwölf Sekunden, doch er steht für den Beginn einer neuen Ära. Die Entfernungen begannen zu schrumpfen. Kontinente und Kulturen sind sich näher gekommen. Das Fliegen verkörpert für viele Menschen im übertragenen Sinne den Traum einer grenzenlosen Freiheit. Die Welt aus der Distanz der Höhe ließ scheinbar Grenzen des Alltags verschwinden. Wer träumt nicht gern vom Abenteuer oder hat Fernweh. Doch heute hat sich die Flugeuphorie meist in einen nüchternen Verkehrsalltag gewandelt, das ist selbstverständlicher technischer Fortschritt. Buenos Aires, Kapstadt, New York, To-

Abenteuer einer alten Dame

kio oder Sydney sind wie jedes andere Reiseziel bequem und in einer angemessenen Zeitspanne zu erreichen. Wer jedoch den berühmten „Kick" erleben will, der das Adrenalin ansteigen lässt, der findet Abenteuer und technische Romantik im Flug mit den alten Maschinen. Hier ist Fliegen noch ein Erlebnis. Man spürt die Thermik der Luft, wird manchmal auch durchgeschüttelt. Es ist ein Abenteuer, in rund 2.500 Metern Höhe nicht nur die vorüberziehende Landschaft betrachten zu können, sondern auch Wetterfronten, Schneetreiben oder Regen zu durchfliegen. Man erhält ein Gespür für das Können der Flugzeugpioniere, bekommt Respekt vor den Leistungen von Mensch und Technik.

Die Junkers Ju 52/3m verkörpert wie kaum ein anderes Flugzeug der Welt die Entwicklung der Luftfahrttechnik. Sie gilt als einer der wichtigsten Meilensteine in der internationalen Luftfahrtgeschichte. Sie war das bekannteste Flugzeug und wohl auch die meistgeflogene Maschine ihrer Zeit. Dank einer soliden Konstruktion, ihrer guten Flugeigenschaften und ihres geringen Wartungsaufwandes schwärmten Piloten und Flugpersonal gleichermaßen von ihr. Für Millionen von Fluggästen wurde sie zum Inbegriff von Sicherheit, Service, Freundlichkeit und Zuverlässigkeit.

Die Geschichte der alten Deutschen Luft Hansa AG (DLH) ist eng mit dem Namen der Ju 52/3m verbunden, bildete doch gerade dieser Flugzeugtyp die wirtschaftliche Basis der Fluggesellschaft. Nach den Unterlagen der Deutschen Luftfahrtrolle erwarb die DLH zwischen 1932 und 1943 für ihren Flugbetrieb 194 Maschinen dieses Typs. Weit über 60 Prozent der Flugkilometerleistungen bestritten Ju-52-Flugzeuge. Heute bestimmen Jetliner den Alltag in der Luft.

Neu im Cockpit ist außerdem: das GPS-System; der Transponder, das ist ein passiv arbeitendes Radargerät; ein elektronisches Ortungsgerät, kurz ILT genannt, das sich auch im Airbus A 380 befindet und ein Frühwarngerät TCAS.

Foto: Rebenich/Lufthansa

Flagge zeigen ist eine alte internationale Tradition. In der Pionierzeit der Luftfahrt war es üblich, dass unmittelbar nach der Landung die Flagge der Fluggesellschaft oder die Landesfahne am Cockpit aufgesteckt wurde. Juristisch gesehen gelten im Flugzeug das Landesrecht und die Verordnungen der Fluggesellschaft. Daher zeigt auch die legendäre Ju als Traditionsmaschine der Deutschen Lufthansa AG nach jeder Landung und vor jedem Start mit Stolz die Flagge der größten deutschen Airline. Foto: Claasen/Hamburg

Trotzdem büßte die Ju 52 noch nach rund sieben Jahrzehnten von ihrer großen Anziehungskraft nichts ein und zieht auf Flugtagen, z. B. auf der ILA in Berlin oder auf der AERO in Friedrichshafen, Tausende begeisterte Enthusiasten an. Die „Tante Ju", wie sie heute allgemein liebevoll genannt wird, ist, auf welcher Flugschau sie auch immer erscheint, neben den großen und modernen Jets der Publikumsmagnet. Sie ist eine fliegende Legende.

In den Dreißigerjahren bildete die Ju 52 nicht nur das Rückgrat der Kranich-Flotte, sondern wurde auch zum Symbol für Qualität, Zuverlässigkeit und Innovationsfreudigkeit der Lufthansa. Für die heutige Deutsche Lufthansa besitzt die Junkers Ju 52/3m daher eine besondere Bedeutung. So erwarb die Lufthansa 1984 eine Originalmaschine aus den USA. Am 28. Dezember 1984 landete sie auf dem Hamburger Flughafen.

Mit viel Engagement, Fleiß und Können begannen die Techniker der Lufthansa-Werft in Hamburg eine Erneuerung und Rekonstruktion der Ju 52 mit dem Ziel, das Zertifikat „lufttüchtig" zu erhalten. Für die Techniker aus dem Bereich Wartung und Überholung war das Vorhaben daher eine besondere Herausforderung, denn ein Projekt dieser Art hatte es vorher noch nicht gegeben. Es wurde zu einem Abenteuer nicht nur für die alte Tante Ju, sondern auch für das gesamte Arbeitsteam. Neben der Erfahrung, die jeder einzelne Mitarbeiter einbrachte, der technischen Kompetenz, die man unter Beweis stellen konnte, war es im Wesentlichen auch ein Lernprozess, eine Wechselwirkung zwischen altem und neuem Wissen.

Abenteuer einer alten Dame

REKONSTRUKTION ALS ABENTEUER

Ursprünglich war ab Januar 1985 eine Durchsicht der Ju 52 nach dem behördlich anerkannten Instandhaltungsplan des Vorbesitzers vorgesehen, damit festgestellte Beanstandungen behoben werden könnten. Dabei sollten Gutachten über die von der amerikanischen Luftfahrtbehörde Federal Aviation Authority genehmigten großen technischen Änderungen angefertigt werden. Gleichzeitig war geplant, die von der Lufthansa entwickelten Änderungen an der Elektrik und Elektronik sowie auch die originalgetreue Rekonstruktion der Passagierkabine nach dem Verfahren der Ergänzenden-Muster-Prüfung zu dokumentieren und vom Luftfahrt-Bundesamt genehmigen zu lassen.

Es kam anders. Bereits nach den ersten Überprüfungen der Maschine zeigten sich schwere Korrosionsschäden an der Zelle und den Steuerungsteilen. Besonders an den Grenzflächen zwischen den Holm-Rohren aus Duralumin und den aus Stahl gefertigten Knotenstücken hatten sich Schäden gebildet, die das Mischkristallgitter der Aluminium-Legierung wie ein Blätterteiggebäck aussehen ließen. Da war guter Rat teuer. So begann eine Rekonstruktion, die zu einem echten Abenteuer wurde.

Auf der Suche nach Dokumenten über die Junkers Ju 52/3m half das Deutsche Museum in München. Aus der Schweiz, wo von 1939 bis 1981 drei im Junkerszweigwerk Bernburg gebaute Ju 52/3 m im Flugbetrieb waren, kamen wichtige Hinweise. Auch aus Schweden, Norwegen und Spanien erhielt das Ju-Team wertvolle Informationen. Die spanische Firma CASA hatte ab 1946 die Ju 52 in Lizenz gebaut und erst 1972 die letzten Maschinen ausgemustert. Neben Bauzeichnungen und Original-Reparaturanweisungen für die Ju 52 und Forschungsergebnissen von Materialproben aus der Junkerszeit, standen auch erfahrene ehemalige Junkers-Mitarbeiter, Ju-52-Piloten und andere Privatpersonen dem Techniker mit Rat und Tat zur Seite: Eine große Familie von Ju-Enthusiasten wollte zum Gelingen der Aktion beitragen.

Bei aller Begeisterung hatte bei der Instandsetzung und Rekonstruktion die Sicherheit oberste Priorität. Täglich stand das Team vor neuen Herausforderungen. War ein Problem gelöst, tauchte ein neues auf, das nur mit Einfallsreichtum, Flexibilität und Optimismus überwunden werden konnte. Es gab manche „Nuss" zu knacken. Für viele Bauteile gab es keinen Ersatz mehr, denn nicht jede Materialposition war ersatzteilpflichtig am alten Lager gehalten worden. Die alten Tugenden handwerklichen Könnens waren gefragt, ausgebaute Teile wurden als Sonderanfertigung nachgebaut.

Mit ihrem Rundflug über Berlin im Frühjahr 1990, hier im Blickfeld mit der Gedächtniskirche, erwies die Lufthansa Reverenz an die deutsche Hauptstadt, dem Heimatstandort der alten Luft Hansa.
Foto: Rebenich/Lufthansa

Der amerikanische Vorbesitzer der Junkers Ju 52 liebte flotte Farben für die flotte Dame. Während ihrer Rundflüge quer durch die USA erhielt sie von den flugbegeisterten Zuschauern und Verehrern alter Flugtechnik den Beinamen „Tuschkasten-Ju". Foto: Whorter/Lufthansa

Treffen zweier Flugzeuggenerationen. Neben dem großen und modernen Boeing 747-Transporter wirkt die alte Wellblech-Ju wie ein antiquiertes Technikwunder. Die Ju 52 musste von Grund auf erneuert werden, um den heutigen Auflagen, Standards und Vorschriften zu entsprechen. Die Sicherheit und der Schutz des Menschen stehen dabei stets im Vordergrund, September 1986

Bestandsaufnahme der Korrosions- und Materialschäden an den demontierten Tragflächen, Januar 1985

rechte Spalte und links unten: Mit viel Begeisterung und Engagement erfolgte in monatelanger Arbeit eine vollständige Erneuerung der legendären Tante Ju.

Bei einigen Teilen, wie am Höhenleitwerk, stand die Frage: Restaurierung oder Neubau? Man entschloss sich für einen Neubau, denn die Sicherheit hat Priorität. Unter Beachtung der historischen Leitwerkkonstruktion entstanden auch die erforderlichen Bauvorrichtungen.

Anhand der beiden Abbildungen ist der enorme Arbeitsaufwand für den Neubau der sogenannten Höhenflosse gut ersichtlich. Alle Fotos dieser Seite: Claasen/Hamburg

Abenteuer einer alten Dame

Rollout der bis ins Detail exakt wiederhergestellten Ju 52. Lufthansa-Basis in Hamburg am 7. Januar 1986. Die künftige Crew der Ju hat die Maschine bereits „besetzt". Foto: Lufthansa

Auch die drei Sternmotoren der Junkers Ju 52 wurden in der Werkstatt der Hamburger Flugwerft überprüft und instandgesetzt. Für die Motorenschlosser und das Wartungspersonal bedeutete das eine echte Herausforderung, denn in ihrer täglichen Arbeit haben sie es ausschließlich mit Düsentriebwerken zu tun. Foto: Lufthansa

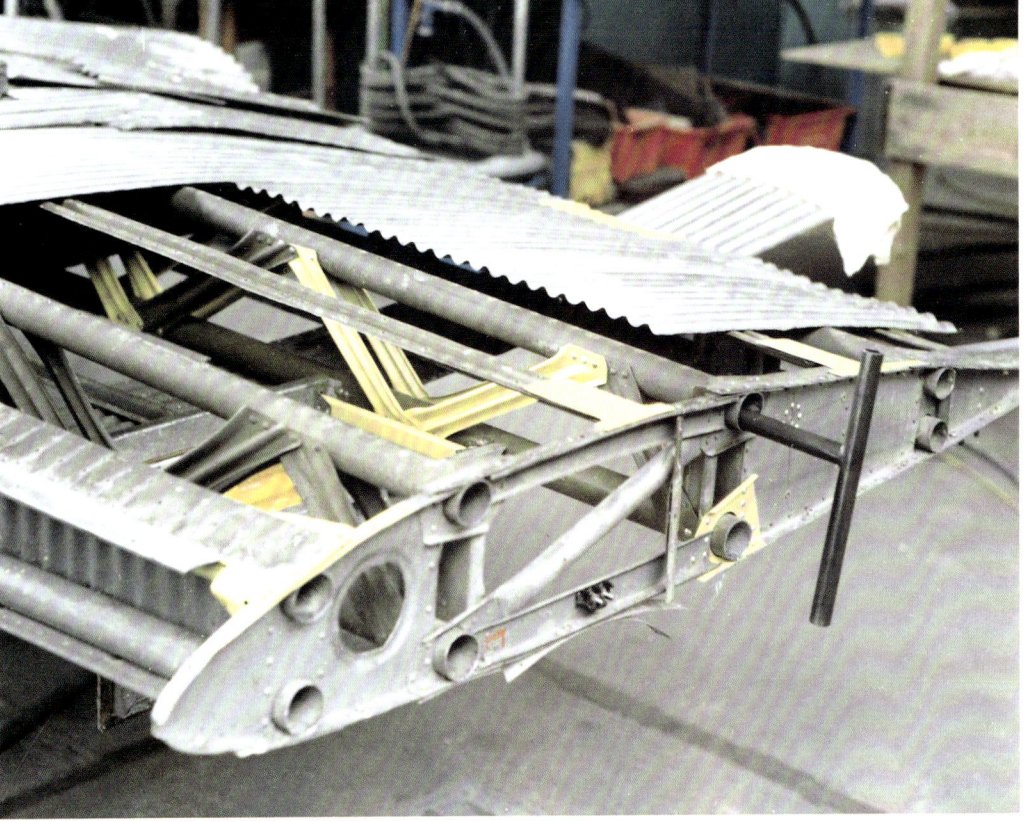

Das Seitenruder und die Seitenflossen befanden sich in einem erstaunlich guten Zustand. Nach Kontrolle der Struktur-Innenflächen entsprechend geltender Prüfvorschriften erfolgte die Grundierung der gesamten Oberfläche. Zusätzlich wurde die Oberfläche einschließlich der Holmenrohr-Innenwandung mit einem Korrosionsschutzmittel behandelt. Sämtliche Holmenrohre werden aufgrund ihrer hohen Kräftebeanspruchung jährlich einmal auf Risse überprüft. Foto: Claasen Hamburg

Rund 400 Mitarbeiter der Lufthansa-Werft in Hamburg haben durch viel Idealismus und mit hohem Können eine Meisterleistung vollbracht: die originalgetreue Wiederherstellung einer Junkers Ju 52/3m als fliegende Legende. Mit sichtlichem Stolz über das erreichte Ergebnis und die Erteilung des Lufttüchtigkeitszeugnisses stehen sie vor der „Tante Ju", wie das Flugzeug liebevoll bezeichnet wird.

Foto: Ballhausen/Lufthansa

Erfreulicherweise wiesen die drei großen Sternmotoren, im Gegensatz zur Zelle, kaum Mängel auf. Nach einer gründlichen Reinigung und Inspektion brachten sie wieder ihre Leistung von 600 PS.

Die Ju nahm bald wieder ihre historische Wellblech-Gestalt an. Obwohl Duralumin-Bleche mit den originalen Werkstoffparametern und der gewellten Form in den Fertigungsprogrammen heutiger Leichtmetallwerke nicht mehr enthalten waren, gelang es doch, Bleche zu besorgen, die mit hohem manuellen Aufwand durch Einsatz unterschiedlicher Schablonen die erforderlichen Wellengrößen erhielten. Ähnlich einem Puzzle fügten Techniker und Wartungsspezialisten die erneuerten bzw. nachgebauten und konservierten Bauteile wieder zusammen. Die Innenausstattung für den Passagierraum wurde dem Ambiente der Dreißerjahre des 20. Jahrhunderts nachempfunden, so etwa die Flugzeugsitze. In puncto Sicherheit entsprechen sie dennoch dem heutigen Standard. Gleiches gilt auch für die neue Feuerlöschanlage. Der Sanitärteil ist dem Komfort eines Reisegeschäftsflugzeuges angeglichen. Zusätzliche Schallisolierungen reduzieren das Dröhnen und die Vibrationen der drei Motoren auf ein Minimum. Die Brandschotte bestehen aus Titanblech. Im Cockpit entspricht die technische Ausrüstung mit Armaturen, Funk- und Navigationsgeräten den heutigen Vorschriften.

Nun war die alte Tante Ju zwar wieder jung geworden, aber auch schwerer durch den Einbau von Geräten gemäß vorgeschriebener Sicherheitsstandards. Doch das stört weder den Passagier im Flugzeug noch den begeisterten Zuschauer am Boden in seinen nostalgischen Träumen. Seit dem 60. Geburtstag der Deutschen Lufthansa 1986 präsentiert sich die wiederhergestellte Junkers Ju 52/3m in der historischen Farbgebung der Lufthansa-Flugzeuge der 1930er-Jahre. Der „Rollout" auf der Lufthansa-Basis in Hamburg am 7. Januar 1986 und die Taufe der Maschine am 6. April 1986 auf den Namen „Berlin-Tempelhof", zur Erinnerung an den ältesten Lufthansa-Flugplatz der Ju 52, stehen für den Beginn neuer Flugabenteuer der alten Tante Ju.

Das erste Passagierflugzeug entsteht

Am Anfang stand die Junkers F 13

Mit der am 25. Juni 1919 zum Erstflug gestarteten Junkers F 13, dem ersten Kabinen-Verkehrsflugzeug in Ganzmetall-Ausführung und freitragender Tiefdeckerbauweise, gelang Hugo Junkers und seinem Konstrukteur Otto Reuter ein großer Wurf, der für fast ein Jahrzehnt die Richtung des internationalen Flugzeugbaus bestimmte. Die Junkers F 13 wurde zu einem Welterfolg, wie er keinem anderen Flugzeug zuvor beschieden war.

Die Verkehrsluftfahrt nahm mit der Junkers F 13 und den in ihrer Nachfolge stehenden Großflugzeugen Junkers G 23, G 24 und G 31, alle von Ernst Zindel konstruiert, den Nimbus risikoreicher Ungewissheit und unwirtschaftlicher Extravaganz. Durch Tiefdeckerbauweise in einer Holmentragwerkkonstruktion und Dreimotorenantrieb schuf Junkers Flugzeuge, die durch eine solide Ganzmetallbauweise größtmögliche Sicherheit und bequeme Unterbringung der Passagiere garantierten. Junkers-Flugzeuge konnten hohen Belastungen ausgesetzt werden, sie waren feuerfest und wetterbeständig.

Mit dem ab 1929 zum Einsatz gelangten Schwerölmotor schließlich erhöhte sich die Wirtschaftlichkeit und Reichweite der Flugzeuge, sodass sie erfolgreich mit anderen

Das größte Landflugzeug seiner Zeit, eine Junkers G 38 „Generalfeldmarschall von Hindenburg", Werk-Nr. 3302, Kennung D-2500, auf dem Flughafen Halle/Leipzig im Sommer 1933.
Foto: Lufthansa

Prof. Hugo Junkers (1859 – 1935), Wissenschaftler, Konstrukteur, Visionär und leidenschaftlicher Demokrat, prägte im wesentlichen die Anfangsjahre der modernen Luftfahrtgeschichte.
Foto: Hugo Erfurth/Dresden 1927

Erstes Junkers-Patent vom 1. Februar 1910 auf dem Gebiet der Aerodynamik.

Eine stilisierte J1 zierte bis 1924 als Firmenlogo den Junkers-Flugzeugbau.
Alle Ansichten dieser Seite: Sammlung des Autors

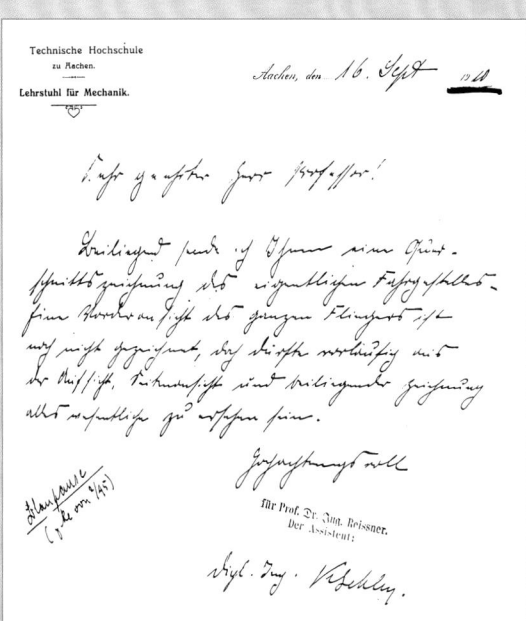

Im Auftrag von Prof. Reissner übergibt dessen Assistent mit Begleitschreiben vom 16. September 1910 eine Querschnittszeichnung des Fahrgestells der Reissner-Ente zur Begutachtung an Prof. Junkers.
Dokument: Junkersarchiv DMM

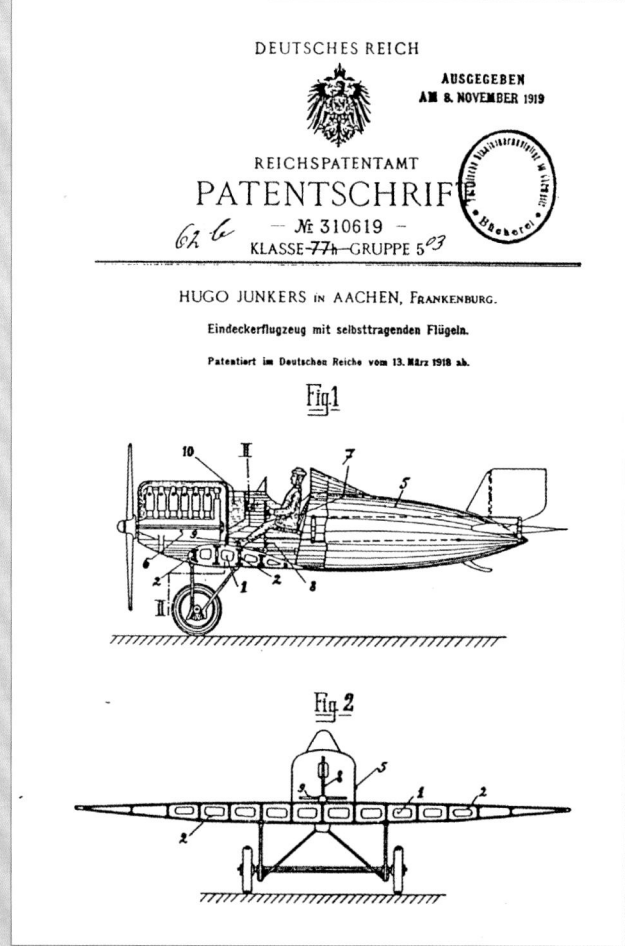

Für das Prinzip eines freitragenden Tiefdeckers erhielt Junkers am 13. März 1918 eine Patenterteilung.

Verkehrsträgern konkurrieren konnten. Als Luftfahrtpionier bestimmte Hugo Junkers die Entwicklung der Luftfahrt mit, beispielsweise durch Gründung von Fluggesellschaften in Südamerika und Asien, im Besonderen jedoch in Europa. In diesen Gesellschaften, an denen Junkers stets beteiligt war, flogen vorrangig Junkers-Maschinen. So kam es zu einer fruchtbaren Wechselwirkung. Die praktische Erfahrung im Flugbetrieb, der sich auch wirtschaftlich lohnen sollte, beeinflusste die Flugzeugfertigung gestalterisch und konstruktiv. Umgekehrt profitierten die Fluggesellschaften von der stetigen Verbesserung der Junkers-Flugzeuge, was ihr Image erhöhte.

MANN MIT PRAKTISCHEM GEFÜHL

Am 3. Februar 1859 im linksrheinisch gelegenen Rheydt, heute Stadtteil von Mönchengladbach, wurde Hugo Junkers als dritter Sohn von sieben Kindern eines Webereibesitzers geboren. Es war ihm nicht in die Wiege gelegt worden, einmal zu den Wegbereitern der modernen Luftfahrt zu gehören. Nach Schulzeit und Praktikum studierte er Maschinenbau an den Technischen Hochschulen in Berlin-Charlottenburg, Karlsruhe und Aachen. Wiederholt lobten die Lehrer beim Studenten Junkers unter seinen vielen Vorzügen auch das ausgeprägte „praktische Gefühl". Es war Prof. Adolf Slaby, der an der Charlottenburger Hochschule die neuen Wissenschafts-

Hans Jakob Reissner mit Ehefrau Josefine, links im Foto, vor seinem Flugzeug in der Ausführung von 1912 auf dem Flugplatz Merrbrück bei Aachen. Die noch mit Draht verspannten dünnwandigen Metallflügel und das Leitwerk wurden in der Dessauer Badeofenfabrik von Hugo Junkers gefertigt.
Foto: Sammlung des Autors

Belastungsprobe einer Tragfläche für die Junkers J 1 mit 15 Personen am 6. Oktober 1915. Foto: Sammlung des Autors

Die Lufthansa-Maschine „Nebelkrähe" vom Typ Junkers F 13, Werk-Nr. 682, mit der Kennung D-338, hier mit Schneekufen, war von 1926 bis 1939 im Liniendienst.
Foto: Lufthansa

gebiete Elektrodynamik und Thermodynamik unterrichtete, der besonders Hugo Junkers für dieses neue Forschungsgebiet begeisterte. In Junkers' Notizen aus dem Jahre 1885 finden sich bereits Hinweise einer Hinwendung zur Luftfahrttechnik. Die Aerodynamik und die Antriebsfrage waren für ihn die Schlüssel zur Luftfahrtentwicklung, die Pioniergeist in jeder Hinsicht erforderten.

Seitdem hielt ihn diese Forschungsidee in Bann.
1888 empfahl Slaby dem Direktor der Deutschen Continental-Gas-Gesellschaft, Wilhelm Oechelhaeuser sen., als dieser einen jungen aufgeweckten und dynamischen Mitarbeiter für seine Gasmotorenforschung suchte, den „Civilingenieur" Hugo Junkers. Noch im gleichen Jahr kam Junkers nach Dessau, der „Gasstadt", einem führenden Zentrum der deutschen und europäischen Gasindustrie. Gemeinsam mit Wilhelm von Oechelhaeuser jun. entwickelt er den ersten Doppelkolben-Gasmotor, registriert am 8. Juli 1892 unter der Patentschriftnummer 66 961, Klasse 46. Wenige Tage zuvor, am 29. Juni, erhielt Junkers sein erstes eigenes Patent unter der Registriernummer 71 731, Klasse 42, mit der Bezeichnung „Kalorimeter". Mit diesem Messgerät zur Heizwertbestimmung brennbarer Flüssigkeiten und der Technik der Verbrennungsmotore waren die Weichen der ersten Arbeitsgebiete von Junkers klar umrissen. Werkstoffkunde, Materialforschung, Blechverarbeitung, Statik und Fragen der Wärmeübertragung bildeten die Schwerpunkte seiner Primärforschung. Er eignete sich dadurch einen Wissens- und Erfahrungsschatz an, der

Die Südamerika-Expedition 1922/23, Zwischenstation in Rio de Janeiro, erfolgte mit einer Junkers F 13, Kennung D-217. Foto: Lufthansa

Im teilverglasten Cockpit einer F 13 spürten die Piloten noch unmittelbar den Flugwind und das Wettergeschehen.
Foto: Lufthansa

zur Ausprägung einer von ihm nun lebenslang befolgten Methodik führte, um ein technisch-wissenschaftliches Problem zu lösen. Hand in Hand gingen dabei Empirie und Theorie, wobei die Theorie stets praxisgebunden und praxisorientiert blieb.

Grundlagenforschung war bei Junkers stets auf unmittelbare Anwendung, auf Zweckgebundenheit ausgerichtet. Berechnet und verallgemeinert wurde nur dort und in dem Maße, wie es das Produkt erforderte. Nicht der theoretische Formelsatz stand in seinem Denken obenan, sondern das patentierte Ergebnis in möglichst produktreifer Form. Um theoretische Lösungen und Praxisaufgaben optimal zu meistern, wurden die geforderten Parameter einer Maschine, eines Aggregates oder Bauteiles in seine verschiedenen Bestandteile zerlegt und untersucht. Nach Junkers' Methode waren nun „Schwierigkeiten für sich zu untersuchen in geeigneter Weise, also derart, dass man Apparate schafft, die losgelöst sind von allem Beiwerk". Das heißt, eine Gesamtproblemstellung wurde in Einzelprobleme unterteilt und diese, jedes für sich betrachtet, untersucht. Lag die Summe der Einzelergebnisse vor, erfolgte die Endauswertung im Interesse der Gesamtlösungsfindung.

Durch dieses Herangehen gelang es zum Beispiel, die Elemente und Formen in der Be- und Verarbeitung dünnwandiger Bleche als selbstständiges Arbeitsgebiet in der Werkstoffforschung so zu vervollkommnen, dass diese Erkenntnisse nahezu universell entsprechend ihres Verwendungszweckes in den verschiedenen Fertigungsstätten der Junkerswerke eingesetzt werden konnten. Gerade diese Forschungsergebnisse sollten später den konstruktiv-technologischen Werdegang der Ganzmetallentwicklung im Flugzeugbau entscheidend mitbestimmen.

1897 erfolgte Junkers' Berufung als ordentlicher Professor für Thermodynamik an die Technische Hochschule Aachen mit gleichzeitiger Übernahme des neu eingerichteten Maschinenlaboratoriums. Im gleichen Jahr gründete er in Aachen eine „Versuchsanstalt Professor Junkers" in Form eines Forschungs- und Konstruktionsbüros, um dort neben der Hochschultätigkeit praktische Entwicklungsarbeit durchzuführen.

Angeregt durch Flugversuche mit einem französischen Voisin-Delagrange-Doppeldecker seines Hochschulkollegen, dem Mathematiker und Physiker Hans Jakob Reissner, der seit 1906 den Lehrstuhl für Mechanik an der TH Aachen innehatte, beginnt Junkers, sich verstärkt Fragen der Aerodynamik zuzuwenden. Es entsteht sein erster Windkanal, in dem er anhand verschiedenartig geformter Flugprofile aus Lagenschichtholz aerodynamische Versuche durchführt. Dank dieser Grundlagenforschung kommt er zu einem völlig neuen Konzept im Flugzeugbau. Eine wirtschaftliche und sicherheitstechnische Anordnung von Mensch, Motor und Nutzlast ist nur mit neuartigen Materialien möglich, eine Erkenntnis von großer Tragweite.

Ergebnis dieser Grundlagenarbeit ist bei-

Unter dem Namen „Präriehuhn" flog diese Junkers F 13, Werk-Nr. 768, Kennung D-556, von 1927 bis 1936 für die Badisch-Pfälzische Luft Hansa AG Mannheim.
Foto: Lufthansa

Sprichwörtlichen Service der Spitzenklasse bot der fliegende Speisewagen der Luft Hansa mit der Junkers G 31. Foto: Sammlung des Autors

In einigen Maschinen der G 24 stand für Geschäftsreisende als zusätzlicher Service auch eine fest installierte Schreibmaschine zur Verfügung. Foto: Lufthansa

spielsweise das am 1. Februar 1910 unter der Bezeichnung: „Gleitflieger mit zur Aufnahme von nicht Auftrieb erzeugenden Teilen dienenden Hohlkörpern" erteilte Junkers-Patent mit der Nr. 253 788.

Hinter dieser spröde klingenden Bezeichnung verbirgt sich nichts anderes, als der selbsttragende aerodynamisch gewölbte Körper einer Tragfläche, das Grundgerüst unserer modernen Luftfahrt. Dieses Patent, das nahezu 100 Jahre alt ist, bildet das Fundament, auf dem die Tragflächenkonstruktionen heutiger Flugzeuge fußt.

Junkers Ideen und Visionen gingen jedoch noch weiter. Ihm schwebte letztendlich ein Flugzeug vor, das nur aus einer großen Tragfläche bestand, einem Idealzustand in der Aerodynamik, um dadurch den günstigsten Auftrieb zu erhalten. In diesem Nurflügel-Flugzeug sollten Passagiere, Frachtgut, Treibstoff und die Flugmotore untergebracht sein. Nach seinen Vorstellungen könnten in so einem Riesenflugzeug 100 bis 1000 Reisende die Kontinente und Ozeane überbrücken. Damit waren Visionen geboren, die in der heutigen A 380-Ära ihre Verwirklichung gefunden haben.

LUFTSIEG FÜR DAS FLUGZEUG

Im Jahre 1910 stand Deutschland ganz im Zeichen der Luftschiffe. Leichter als Luft, hieß die Devise. Es dauerte mindestens zwei Jahrzehnte, ehe sich in den modernen Industrieländern diese von Junkers angeregte Ganzmetall-Bauweise mit dem freitragenden dicken flügel in einer Holmentragwerk-Konstruktion bzw. Schalenbauart, sowie die Flugzellensegmentierung zur Sicherheit der Passagiere und des Flugpersonals durchsetzen sollte. Auf der ILA, der Internationalen Luftschifffahrt-Ausstellung in Frankfurt/Main, erhielt Junkers für seine neu entwickelte Ganzmetall-Luftschraube 1911 den Kaiserpreis. Seine neuartigen Flugmodelle aus dünnwandigem Stahlblech, die er bereits im Windkanal erfolgreich getestet hatte, fanden dagegen keine Resonanz. „Metall kann doch nicht fliegen", war nicht nur eine weit verbreitete Meinung in den Kreisen der „Aviatiker", auch eine Reihe von Wissenschaftlern vertrat diese Ansicht mit einem energischen Kopfschütteln.

Dies sollte sich erst mit dem Bau der Junkers J 1 ändern, dem ersten freitragenden Ganzmetall-Flugzeug in Mitteldecker-Bauweise, das 1915 in Dessau entstand. Damit lieferte er den Beweis: Metall kann doch fliegen. Natürlich interessierte sich das Militär dafür. So bezahlte Junkers, wie er in seinen Tagebüchern vermerkte, seine Ideen mit vielen Kompromissen, schlaflosen Nächten und Alpträumen. Seine 1917 unter behördlichem Zwang gegründete Firma „Junkers und Fokker AG" lässt er ab Juni 1919 nur noch unter seinem Namen laufen. Mit dem innerhalb von nur sechs Monaten entwickelten ersten Ganzme-

Am Anfang stand die Junkers F 13

Junkerswerke in Dessau, Stand 1928. Foto: Sammlung des Autors

Ein Plakat der Junkerswerke Dessau aus dem Jahr 1924 verdeutlicht den Einsatz der Junkers-Flugzeuge im europäischen Liniendienst vor der Gründung der Deutschen Luft Hansa AG.
Foto: Sammlung des Autors

1. JUNKERS FLUGZEUGWERK A.-G.
2. JUNKERS MOTORENBAU G.M.B.H.
3. JUNKERS & CO. GASAPPARATEBAU
4. KALORIFERWERK HUGO JUNKERS

Junkers-Flugzeuge besaßen stets eine eigene Bordleiter, die das Einsteigen der Fluggäste erleichtern sollte. Zum Flugservice gehörte auch der Luftboy, der wie hier, bei einer Junkers G31, den Passagieren bei der Gepäckabgabe behilflich ist.
Foto: Lufthansa

Eine Junkers G 31 und der Chic der „Goldenen Zwanzigerjahre" auf einem Plakat des Grafikers Otto Arpke, verdeutlichen den Zeitgeist und Fortschrittsgedanken einer ganzen Generation, 1929. Foto: Sammlung des Autors

tall-Kabinen-Verkehrsflugzeug, der Junkers F 13, konnten konstruktiv-technologisches Know-how und wissenschaftlich innovatives Denken gleichermaßen präsentiert werden.

Beim Neuaufbau seines Flugzeugwerkes nach dem Ersten Weltkrieg versuchte Junkers, das bei den Wärmeaustauschapparaten mit großem Erfolg erprobte Rezept zu wiederholen: Forschung, Produktion und Absatz wieder in einer Hand zu vereinen. Unter dem Blickwinkel des Vertriebs entstand 1921 eine Abteilung Luftverkehr, die Junkers Luftverkehr AG. Durch den Aufbau einer eigenen Motorenfabrikation in Dessau suchte er sich 1923 von jeglicher Abhängigkeit frei zu machen.

Doch einem Fabrikanten von Flugzeugen kam eine ganz andere Geltung und Stellung zu als einem Gasbadeofen-Produzenten. Angesichts der Herausbildung der Luftfahrtindustrie zu einem neuen Industriezweig und dessen politischem Stellenwert im Selbstverständnis des Staates, nahmen die Junkerswerke, wie auch Junkers selbst, nunmehr einen wirtschaftspolitischen Platz innerhalb der Weimarer Republik ein. Der zielgerichtete Aufbau eines internationalen Luftverkehrs, wie ihn Hugo Junkers ab 1919 anstrebte, involvierte ihn sofort in die durchaus komplizierten außenpolitischen Beziehungen der Weimarer Republik.

Nun wurde Junkers international bekannt. Besonders die zahlreichen Neugründungen von Luftfahrtgesellschaften in nahezu allen Erdteilen profitierten von den Junkers-Flug-

zeugen und deren Bauweise. Zahlreiche Projekte für Riesen- bzw. Großflugzeuge konnte Junkers durch die Ratifizierung des Vertrages von Versailles zu Beginn der Zwanzigerjahre nicht realisieren. Doch unbeirrt an den Fortschritt und das Gute im Menschen glaubend, arbeitete Hugo Junkers mit seinem Mitarbeiterstamm an der Weiterentwicklung seines Patentes aus dem Jahre 1910.

Als sich der 23-jährige Dipl.-Ing. Ernst Zindel am 14. Juli 1920 bei der Firma Junkers & Co in Dessau als Konstrukteur für Gasapparate zur Warmwasserversorgung und Raumheizung bewarb, konnte er nicht ahnen, dass sein Name einmal eng mit der Luftfahrtgeschichte verbunden sein würde. Ab 1. Oktober 1920 erhielt er eine Anstellung als Konstrukteur im Junkers-Flugzeugwerk auf Basis eines einjährigen Dienstvertrages auf Probe mit enthaltener Konkurrenzklausel.

Zindel war in seinem Aufgabengebiet unmittelbar Dr.-Ing. Otto Mader unterstellt, dem Leiter der Dessauer Forschungsanstalt. Wiederholt erhielt Zindel direkte Aufgaben auch vom Chefkonstrukteur Otto Reuter. Diese Sonderaufgaben erledigte Zindel termingerecht, korrekt und präzise. Sein Engagement und besonnenes methodisches Herangehen, verbunden mit einer analytischen Denkweise, ließen ihn innerhalb kürzester Zeit zu einem der engsten Mitarbeiter um Prof. Hugo Junkers werden. Zindel verstand es ausgezeichnet, bei anfallenden Problemstellungen alle dafür notwendigen Mitarbeiter direkt in die Forschungsarbeit einzubeziehen, wobei er sich selbst als „primus inter pares" sah. Diese Art von Teamwork bildete die Basis der innovativen Junkers-Arbeit. Dadurch gelang es den Junkerswerken innerhalb einer kurzen Zeit, ein völlig neuartiges Konstruktionsprinzip, den segmentierten Zellenbau, im Flugzeugbau einzuführen. Diese Bauweise ermöglichte eine rationelle Fertigung von Flugzeugen, die zugleich einen hohen Sicherheitsstandard aufwiesen.

Es gibt wohl kein Gebiet der Aerodynamik, auf dem Hugo Junkers nicht forschte oder tätig war. Seine Grundlagenforschung und die damit verbundenen Entwicklungen bis hin zur Patentreife, und im Anschluss daran die praktische Verwertbarkeit der Forschungsergebnisse, das war Firmenphilosophie, war Be-

Am Anfang stand die Junkers F 13

schreiten neuer Wege, die Junkers zu einem bedeutenden Wegbereiter heutiger Luftfahrt werden ließ.

Doch Junkers begnügte sich nicht damit, zu forschen und Flugzeuge zu bauen, er organisierte seine eigene Fluggesellschaft: die Junkers Luftverkehr AG, mit Hauptsitz in Berlin-Tempelhof. Er war 1924 Mitauslober zum Architekturwettbewerb Tempelhofer Feld, dessen geplanter Büroturm mit Aussichtsterrasse als ein Vorbild für das spätere Lufthansa-Hochhaus in Köln-Deutz angesehen werden kann. Auch bei der Gründung von Fluggesellschaften in Europa, Südamerika und Asien beteiligte er sich und förderte damit den Absatz seiner Flugzeuge. Junkers' PR-Chef Andreas Fischer von Poturzyn umriss in seinem 1925 in Leipzig veröffentlichten Buch mit dem zukunftsträchtigen Namen „Luft-Hansa", den politischen, wirtschaftlichen und technischen Rahmen der künftigen Luftfahrtpolitik. Als 1926 die Deutsche Luft Hansa AG aus der Fusion der Deutschen Aero Lloyd AG und der Junkers Luftverkehrs AG entstand, gehörten der neuen Luftflotte über 30 Prozent der Maschinen vom Typ Junkers F 13 aus den Junkerswerken an. Durch die in den Luftfahrtlinien fliegenden Junkers F 13 und den in ihrer Nachfolge stehenden Großverkehrsflugzeugen Junkers G 24, G 31, G 38 und Ju 53/3m verlor sich in der Verkehrsluftfahrt der Nimbus risikoreicher Flüge und unwirtschaftlicher Extravaganz. Junkers-Flugzeuge boten größtmögliche Sicherheit und bequeme Unterbringung der Passagiere.

ALS FLIEGENDE BOTSCHAFTER UNTERWEGS

Als Luftfahrtpionier regte Junkers zu breiter Nachahmung an. Ende 1925 machte er sich vor aller Augen zu einem engagierten Sprecher der friedlichen Nutzung der Luftfahrt. „Lassen Sie uns das Flugzeug zu einem Kampfmittel froher Menschlichkeit machen, welches allen Menschen und allen Nationen Segen bringt und allen Menschen und allen Nationen zusteht. Das ist der Weg, der uns zu einem wirklichen, einem dauerhaften Aufstieg führt." Zwei Jahre später, im August

Treffen zweier Giganten der Lüfte. Am 21. August 1932 überfliegt bei Hamburg eine Junkers G 38 das auf der Alster liegende Flugboot Dornier Do X. Foto: Lufthansa

Flughafen Königsberg mit der dreimotorigen Junkers G 24 „Cupido", Werk-Nr. 941, Kennung D-1088, die ab 1927 bei der Deutschen Luft Hansa eingesetzt war.
Foto: Lufthansa

Für die „Illustrierte Flugwoche", eine in den Zwanzigerjahren gern gelesene Zeitschrift, gestalteten Hans und Botho von Römer in ihrem „Atelier für künstlerische und technische Propaganda" in München mehrere Titelseiten. Das Juliheft 1927 zeigte die dreimotorige Junkers G 31, einem Vorläufer auf dem Weg zur Ju 52. Foto: Sammlung des Autors

1927, bei der ersten Verabschiedung deutscher Ozeanflieger aus Dessau, führte er aus: „Was wir von der Luftfahrt erwarten, das ist nicht bloß das Bauen von Flugzeugen jeglichen Typs, sondern wir müssen große volkswirtschaftliche Aufgaben erfüllen. Wir müssen Flugzeuge benutzen, um die Völker einander näher zu bringen: Mein schönstes Ziel ist, dazu beizutragen, in fruchtbarem Kampf zum Segen und zum kulturellen Fortschritt der Menschheit (…) Die Luftfahrt soll nicht nur nach innen frei von jeder Politik sein und versöhnend wirken, sondern auch nach außen hin. Statt die Flugzeuge mit Kriegsmitteln auszurüsten, wollen wir sie mit den Waffen des Friedens und der Menschlichkeit ausstatten. Die Junkers-Flugzeuge sollen dann, wenn sie amerikanischen Boden berühren, Sendboten des Friedens sein, und wir hoffen, dass andere Nationen in dieser großen Sendung mit uns einig gehen."

Der deutsche Demokrat Hugo Junkers war Weltbürger. Er sah seine Flugzeuge als Kulturträger zwischen den Völkern und Nationen und vertrat die Auffassung, dass Menschen, die sich geistig und kulturell näher kommen, sich auch besser verstehen. Getragen von dieser Zielstellung und der damaligen Technikeuphorie entstand Ende 1929 das größte Landflugzeug seiner Zeit, die Junkers G 38. Sie galt als ein technisches Wunderwerk an Größe, Komfort und Know-how. In zwei Etagen waren 34 bzw. 30 Passagiere untergebracht, die sogar während des Fluges wie auf einem Promenadendeck durch die breiten Fensterfronten an der Flügelvorderkante die Landschaft betrachten konnten.

Ein Zehnstundenflug über Deutschland, Flüge nach Paris zur Tagung der Fédération Aéronautique Internationale und ein Europarundflug, bei dem elf Hauptstädte angeflogen wurden und Prominenz aus Wirtschaft und Politik das Flugzeug kennenlernten, festigten international den Ruf von Hugo Junkers als innovativstem Flugzeugproduzenten. Auch Künstler waren begeistert. So konstatierte ein Bauhäusler im Juni 1930: „Es ist erstaunlich, dass ein Künstler wie der Russe El Lissitzky mehr Interesse für das neueste Flugzeug von Junkers als für das Bauhaus bekundet."

Im Liniennetz der Deutschen Lufthansa zwischen Berlin-Amsterdam-London und zurück bis zum Beginn des Zweiten Weltkrieges eingesetzt, erhielt dieses Flugzeug von den zufriedenen Fluggästen den amüsanten Namen „Fliegendes Junkers-Hotel". Das entsprechende Patent zu diesem Flugzeug weist bereits konstruktive Grundsätze auf, die auch in der späteren Airbustechnik zu finden sind. Nicht zu Unrecht kann daher dieses Großflugzeug als ein Prototyp der heutigen Airbus-Entwicklung angesehen werden.

Am 1. Mai 1926 eröffnete die Luft Hansa mit dreimotorigen Junkers G 24-Maschinen in Europa die erste Passagier-Nachtflugstrecke zwischen Berlin und Königsberg. Foto: Lufthansa

Zur Konstruktion der Ju 52/3m

Holme, Spanten, Wellblech

Als 1922 die Engländer für ihre neue Kolonie in Neu-Guinea große Transportflugzeuge benötigten, konnte Junkers liefern. Die einmotorige Junkers W 33 und die dreimotorige Junkers G 31, alles Entwicklungen von Ernst Zindel, bewährten sich in den unwegsamen tropischen Gebieten hervorragend. Die Erfolge mit dem englischen Frachtunternehmen sowie der Bedarf der Fluggesellschaften in anderen Ländern der Welt, besonders in Südamerika, der Sowjetunion, Persien und China, wo weite Strecken auf teils schlechten Wegen oder in unwegsamem Gelände zurückzulegen waren, bestätigten diese Entwicklungsrichtung. In Zusammenarbeit mit der kaufmännischen und technischen Abteilung des Junkers-Luftverkehr (JLAG) entstand 1925 ein Memorandum über die Wirtschaftlichkeit im zivilen Luftverkehr. Angeregt von Professor Junkers erarbeiteten Kurt Weil von der technischen und Hans Maria Bongers von der kaufmännischen Seite ein richtungsweisendes Konzept, welche Leistungen ein Flugzeug erbringen muss, um unabhängig von staatlichen Subventionen wirtschaftlich erfolgreich zu arbeiten. Man ging von der Überlegung aus, dass sich der Luftverkehr gegenüber anderen Verkehrsmitteln nur dann erfolgreich entwickeln und durchsetzen kann, wenn er Flugzeuge einsetzt, die im Masse-Leistungsverhältnis kostengünstig und zuverlässig operieren.

„Ein gutes Flugzeug mit einem günstigen Verhältnis von Nutzlast zu Eigengewicht, also ein gutes Transportflugzeug ist nur dann auch das Beste, wenn es in einem bestimmten Zeitraum diese Leistungen möglichst

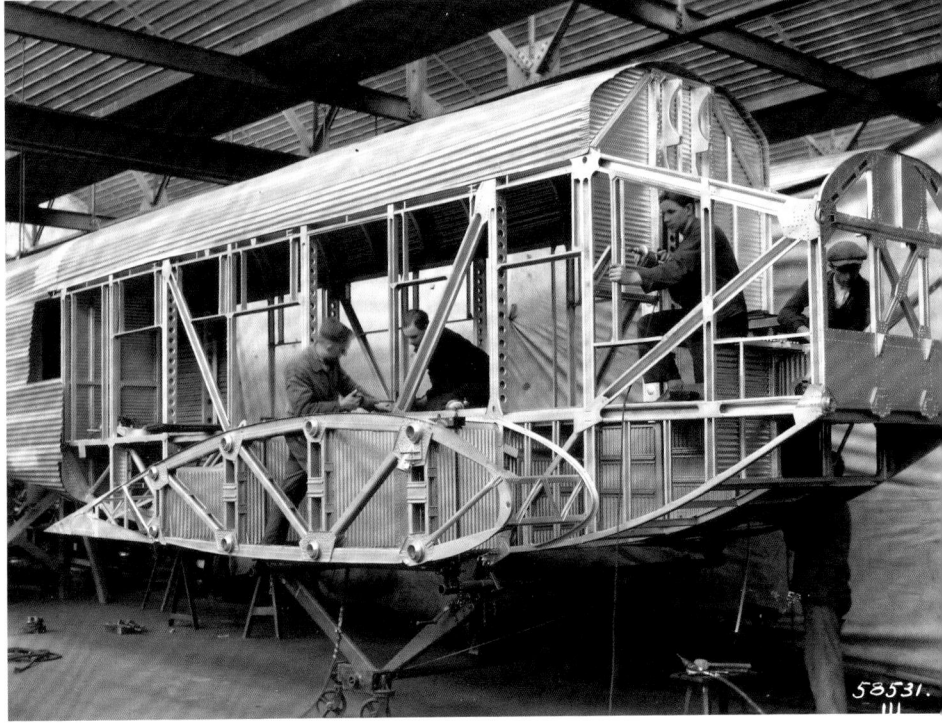

Die klare, solide und übersichtliche Konstruktion des Rumpfes der Ju 52 war das Erfolgsrezept dieser Maschine. Foto: Sammlung des Autors

Ernst Zindel

Der Schöpfer der legendären Ju 52 begann ab 14. Juli 1920 seine Laufbahn in den Dessauer Junkerswerken. Innerhalb kürzester Zeit bringt er seine Fähigkeiten auf dem Gebiet der konstruktiven Flugzeugentwicklung ein und wird Chefkonstrukteur im Junkers-Flugzeugbau. Die Junkers-Flugzeugtypen G 23/24, G 31, G 38, Ju 49 und Ju 52 sind seine Entwicklungen. Als Konstruktionsdirektor ist Ernst Zindel ab 1933 für die Entwicklungen der JFM-Flugzeuge Ju 88, Ju 388 und des viermotorigen Verkehrsflugzeugs Ju 90 und seiner Folgemuster verantwortlich.

Ernst Zindel, links im Bild, im Gespräch mit dem Aufsichtsratsvorsitzenden des JFM-Konzerns Heinrich Koppenberg.

links: Eine aerodynamisch gute Verkleidung umschloss Motor und Kühler.

rechts: Eine Außentür führt direkt in das Cockpit. Alle Fotos der Seite: Sammlung des Autors

oft, zuverlässig, ohne Betriebsstörungen und ohne sich dabei zu schnell abzunutzen erbringen kann. Wenn es auch im Flugzeugbau ganz wesentlich darauf ankommt, im Interesse der Nutzlasterhöhung jedes nur mögliche Kilogramm beim Eigengewicht zu sparen, so ist, betriebswirtschaftlich betrachtet, ein gewisses Mehrgewicht doch zu vertreten, wenn damit Betriebssicherheit, Unterhaltungskosten und Lebensdauer günstig beeinflusst werden können."

Die im Memorandum gestellten Forderungen an ein Flugzeug, wie Lebensdauer einer Flugzeugzelle, Nutzung pro Jahr, Betriebszeit zwischen zwei Grundüberholungen bei Zelle und Motor, Arbeitsaufwand einer Überholung u. a. waren neu und bildeten die Basis der späteren Gebrauchswert-Kostenanalyse. Junkers stimmte diesem Forderungskatalog voll zu und machte ihn zur Basis künftiger Flugzeugentwicklungen.

So kam es zu Überlegungen, den Frachtflugverkehr vorrangig mit einem neuen bedarfsgerechten Maschinentyp zu optimieren. Über die Entwicklung der Junkers Ju 52 äußerte sich Ernst Zindel, seit 1927 Chefkonstrukteur im Flugzeugwerk: „Für einen eigenwirtschaftlichen Luftfrachtverkehr brauchte man ein neues, speziell auf diese Aufgabe zugeschnittenes Flugzeug, das in der Anschaffung nicht zu teuer, robust, einfach und billig in der Wartung und Bedienung sein sollte. Um dieses zu erreichen, wollte man sich mit einer einmotorigen Ausführung begnügen." – Zielsetzung war die Frachtgutbeförderung von zwei Tonnen kostenpflichtiger Nutzlast über eine Strecke von 1.000 Kilometern. – Weiter schrieb Zindel dazu fast 50 Jahre später: „Da jedoch die Aussichten eines großzügigen Luftfrachtverkehrs damals noch völlig unübersehbar waren, andererseits die Lufthansa und andere ausländische Fluggesellschaften dringend ein neues, leistungsfähiges Passagierflugzeug und Junkers ein tragfähiges Produkt für den Fabrikationsbetrieb brauchten, waren wir von der Konstruktionsseite her mit unserer Geschäftsleitung darin einig, dass die dreimotorige Passagierausführung bei der Konstruktion neben der einmotorigen Frachtausführung berücksichtigt werden musste." – So entstand ein Flugzeug, das nach einem Grundmuster, je nach Nutzung, ein- bzw. dreimotorig gefertigt werden konnte.

Holme, Spanten, Wellblech

Bereits die Ju 52/1m besaß eine Doppelsteuerung mit einer zentral angeordneten Steuersäule.

Im Flügelsegment befand sich die Anlenkung (Befestigung) für das Ölfederbein des Fahrgestells.

Der Motor, das „Herz" des Flugzeugs war schnell zu erreichen und lief wahlweise mit einem BMW VIIaU mit 600/685 PS oder Armstrong-Siddely-Leopard mit 800/840 PS. Alle Fotos dieser Seite: Sammlung des Autors

Die Rumpfwerkkonstruktion der Ju 52 war wie bei allen Junkers-Flugzeugen zwischen 1919 und 1932 als eine selbsttragende Schale ausgebildet, in der Spanten und Streben sowie Holme den statischen Kräfteverlauf aufnehmen und verteilen. Der Tragflügel, in seiner seit 1915 bewährten Junkers-Metallbauweise, bestand aus einer Rohrholm-Konstruktion mit aufgelösten Diagonalverstrebungen und ähnelt in seiner Struktur einem Fachwerk. Nach einer konstruktiv und technologisch erarbeiteten Segmentbauweise war das Flugzeug in einzelne Baugruppen zerlegbar, die eine schnelle Austauschbarkeit und einen günstigen Transport ermöglichten.

Als wichtigste Neuerung an dem Projekt, das im Oktober 1928 intern von mehreren Fluggesellschaften auf seine Wirtschaftlichkeit untersucht wurde, zählen an erster Stelle die aerodynamischen Doppelflügel-Landeklappen und Querruder. Dadurch verbesserten sich der Auftrieb und die Lenkbarkeit des Flugzeuges. Durch die typische Junkers-Wellblech-Beplankung erhöhte sich geringfügig der sogenannte Mehrwiderstand, der sich jedoch bei einer durchschnittlichen Reisegeschwindigkeit von 200 Kilometern pro Stunde nicht allzu störend auswirkte.

Mit einem Laderaum von 19,6 Kubikmetern Inhalt, der seitlich und von oben durch Ladeluken leicht zugänglich war, bestand so die Möglichkeit, auch sperrige Güter zu transportieren. Als Motor stand der Reihenmotor BMW VIIaU zur Verfügung.

In dieser Ausstattung, jedoch ohne Nutzlast, startete am 11. September 1930 der Chefpilot und Flugkapitän Wilhelm Zimmermann mit der Junkers Ju 52/1m, Werk-Nr. 4001, noch ohne Kennung, zum Erstflug. Alle Beteiligten waren von den sehr guten Flugeigenschaften der Maschine überrascht. In allen

Auch das schwenkbare Spornrad hat einen Luft-Öl-Stoßdämpfer.

Das geteilte Fahrwerk ist mit Luftdruckbremsen ausgerüstet.

Die Flügelwurzel besteht aus einer genieteten Duralumin-Holmen- und -Spanten-Fachwerkkonstruktion.

Von der Seite ist die aerodynamische Anordnung des Doppelflügels gut ersichtlich. Wie aus dem Diagramm zu ersehen, besitzt die Ju 52 aufgrund ihrer Doppelflügel optimale Flugeigenschaften, die auch eine kurze und sichere Landung bei niedriger Geschwindigkeit ermöglicht.

Alle Fotos und Dokumente dieser Seite: Sammlung des Autors

Fluglagen ließ sich das Flugzeug leicht und sicher steuern. Es gab keine Beanstandungen. Gegenüber dem Konstrukteur der Ju 52 sagte der Flugkapitän Zimmermann: „Die Maschine ist sanft wie ein Lamm!" Ab dem 13. Oktober folgten weitere Versuchsflüge, die den positiven Eindruck weiter festigten. Als „Fliegender Möbelwagen" wurde die Maschine am 17. Februar 1931, mit der Kennung D-1974, auf dem Flugplatz Tempelhof der Öffentlichkeit vorgestellt. Übereinstimmend kam man zur Einschätzung, dass die neue Maschine einem bedeutend vergrößerten Junkers-„Bremen"-Typ gleicht und ihr konstruktiver Aufbau den Überlegungen für den Frachtdiensteinsatz im internationalen Luftdienst ausgezeichnet entspricht. Die fortschreitende wissenschaftlich-technische Entwicklung zeigte sich am besten dadurch, dass gegenüber der Junkers W 33 eine Steigerung der Motorleistung auf das 2,3-fache, eine Vergrößerung der Zuladung auf das 2,5-fache und des Laderaumes auf das 4,9-fache erreicht werden konnte.

Der internationale Luftverkehr um 1930 hatte – vorwiegend in außereuropäischen Ländern – einen großen Bedarf an Transportraum für Schwergüter. Die Fluglinien benötigten Flugzeuge mit großen Transportkapazitäten. Aufgaben dieser Art konnte die Ju 52 völlig problem-

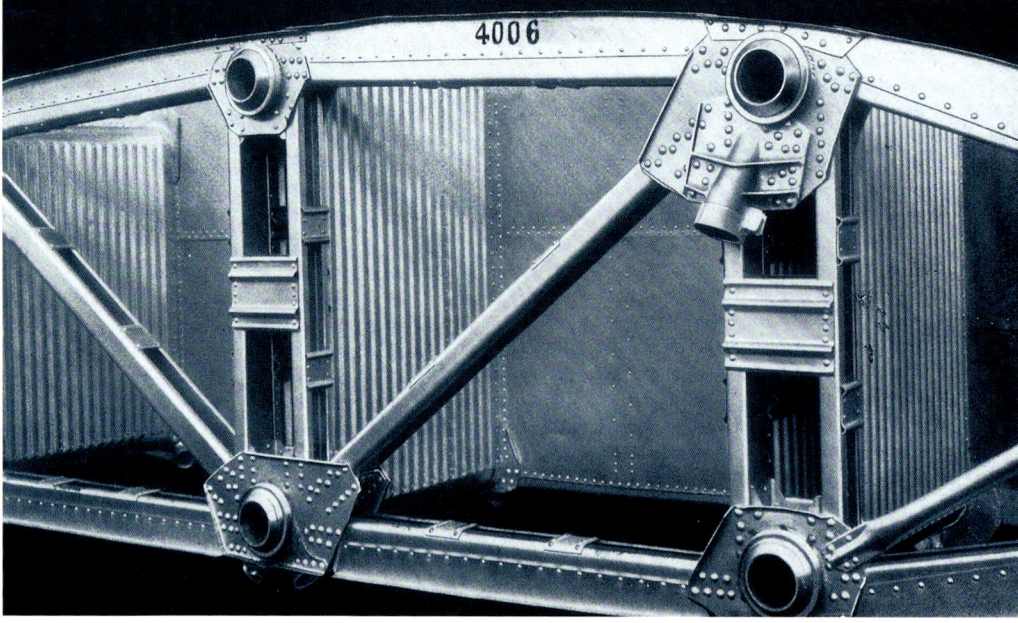

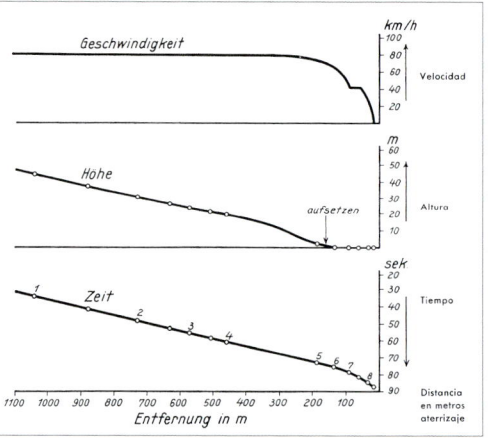

los bewältigen, denn die Gesamtladeraumfläche belief sich auf 22 qm. Zum Vergleich: Ein älteres Frachtflugzeug vom Typ Junkers W 33. hatte nur 4,5 qm Fläche zu bieten.

FLIEGEN WIE EIN VOGEL, SCHWIMMEN WIE EIN SCHIFF

Allen diesen Erfolgen waren gründliche Erprobungs- und Testflüge mit der einmotorigen Junkers Ju 52 und ihren Varianten vorausgegangen. So flog eine Ju-52-Landvariante erfolgreich nach Bukarest und Athen. Eine Schwimmervariante, die dem Lauf der Elbe in Richtung Küste folgte, um danach in Travemünde ihre Seetüchtigkeit unter Beweis zu stellen, brachte weitere Anerkennung der Leistungsfähigkeit. Über diesen Flug berichtete der Junkers-Nachrichtendienst in seiner Meldung Nummer 63 vom 20. August 1931: „Die beiden Schwimmer von je 8.000 Litern Verdrängung weisen entsprechend dem beträchtlichen Fluggewicht von sieben bis acht Tonnen beachtliche Dimensionen (elf Meter) auf und zeigen eine speziell für den Seegang durchgebildete Unterwasserform.

Bei den technischen Probeflügen unter Leitung von Dipl.-Ing. Reginald Schinzinger zeigte es sich, dass die neuartige Bodenform der Schwimmer in Verbindung mit der sehr geringen Landegeschwindigkeit, welche durch die

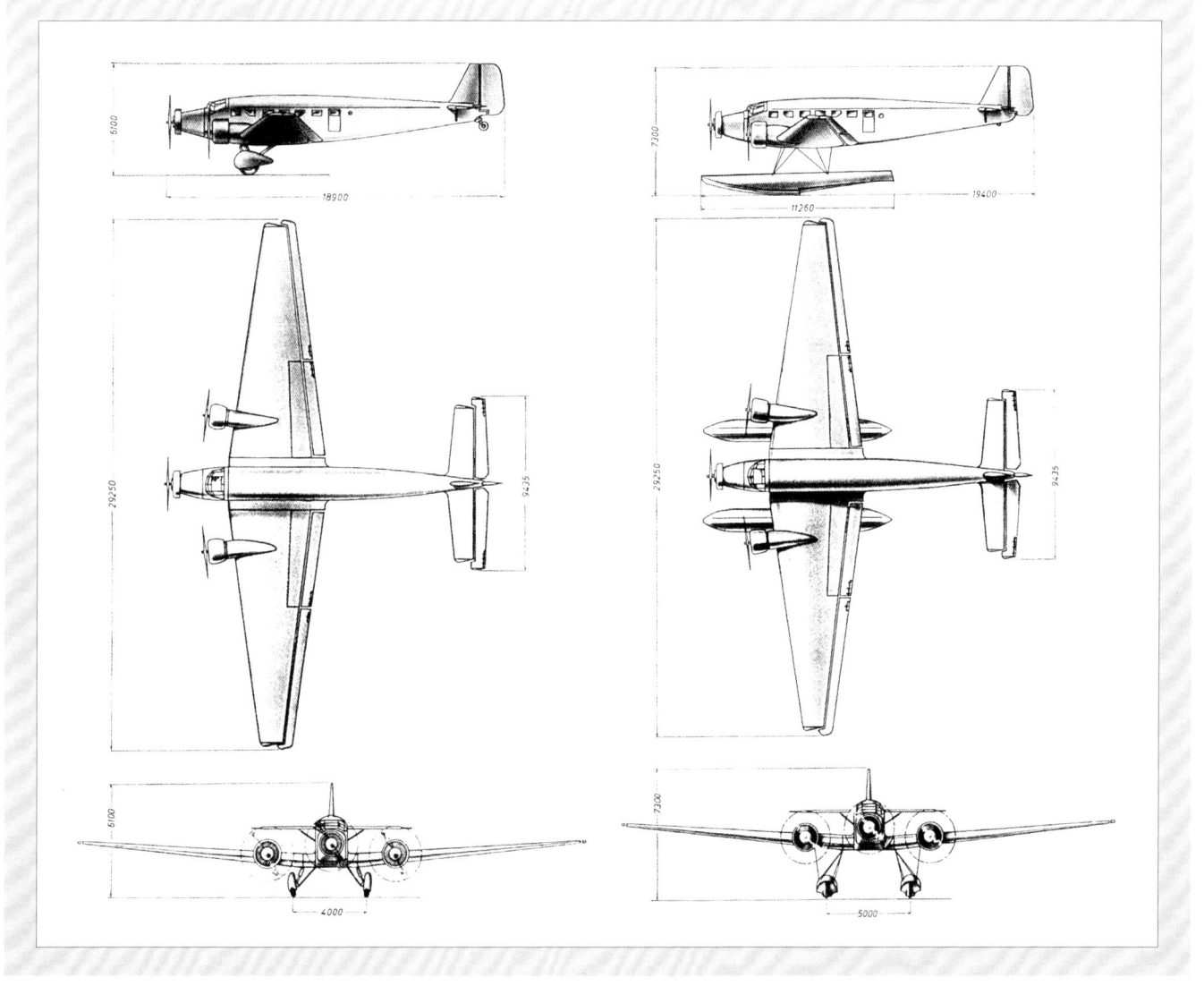

Originaltypenblätter der Junkers Ju 52/3m, beide 1932 (links Ju 52 Land, rechts Ju 52 Wasser)

Dokumente: Sammlung des Autors

Mehrere Luken und Türen auf der linken Seite des Flugzeuges sowie eine Dachklappe führen in den Hauptladeraum der Ju 52/1m.
Foto: Sammlung des Autors

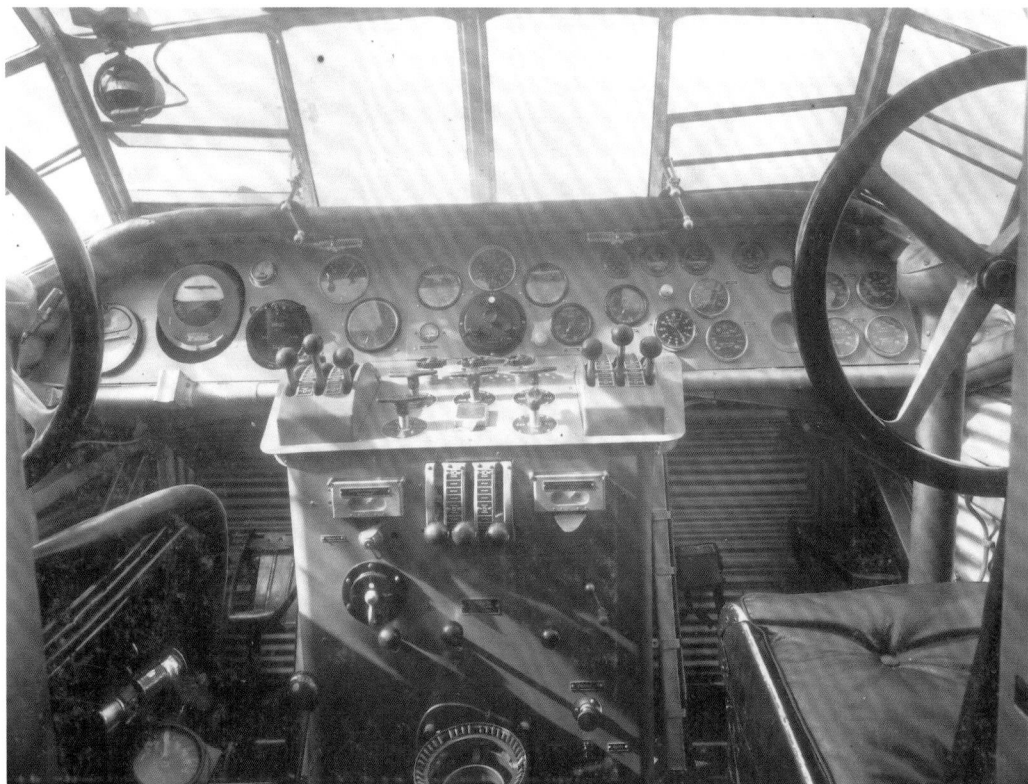

Cockpit einer Junkers Ju 52/3m des Baujahres 1932. Man beachte die noch einfache Instrumentierung.
Foto: Sammlung des Autors

Anwendung des sogenannten Doppelflügels hinter der Tragfläche erreicht wird, einen höchst elastischen Stoß bei der Wasserung im Seegang ergibt. So wurde z. B. bei 10m/s Gegenwind die Wasserung mit kaum 50 km/h vorgenommen. Die aerodynamische Form der Schwimmer bedingt nur eine geringe Geschwindigkeitsverminderung gegenüber der Landmaschine des gleichen Typs."

Daher entschloss sich die Canada Airways Ltd. noch im August 1931, eine einmotorige Junkers Ju 52 als Transportflugzeug für die abgelegenen Pelztierjägerstationen an der Hudson-Bay einzusetzen. Je nach den örtlichen und zeitlichen Verhältnissen flog die Ju 52 mit Landfahrgestell, Schwimmern oder Schneekufen. Dank dieser variablen Start- und Landetechnik sowie ihrer robusten, vom Wetter unabhängigen Bauweise war diese Maschine bis 1947 die wichtigste Verbindung zu den Außenstationen. Die kanadische Presse berichtete wiederholt über besondere Einsatzflüge, wobei stets auf die guten Flugeigenschaften und die solide Konstruktion hingewiesen wurde.

Auch der amerikanische Ozeanflieger und einer der Begründer des Polar-Luftverkehrs Bernt Balchen flog während seines Deutschlandaufenthaltes und Besuches der Dessauer Junkerswerke 1931 eine Ju 52/1m. Sein fachkundiges Urteil kleidete er gegenüber der amerikanischen Presse in begeisterte Worte und trug somit wesentlich zum positiven Image des neuen Junkers-Flugzeugtyps bei.

So bildete die erfolgreiche Konstruktion der einmotorigen Junkers Ju 52 die Grundlage, um durch den Umbau der Prototypen nahtlos die Entwicklung der dreimotorigen Ju 52 einzuleiten. Ernst Zindel schätzte später ein: „Mit einem Forschungsaufwand von ca. 25.000 Konstruktions- und Versuchsstunden für die Weiterentwicklung, lagen wir bei Junkers in einem günstigen Zeitplan." Das von Kurt Weil und Hans M. Bongers erarbeitete Memorandum über die Wirtschaftlichkeit im zivilen Luftverkehr zeigte seine ersten Ergebnisse. Die Ju 52/3m vereint in sich alle guten Eigenschaften ihrer einmotorigen Schwester. Durch ihre systematische Weiterentwicklung als ein dreimotoriges kombiniertes Passagier- und Frachtflugzeug wurden die bereits vorhandenen qualitativen und quantitativen Merkmale noch effektiver ausgebaut. Ein Fakt, der in der bisherigen Ju-52-Literatur nicht immer Berücksichtigung fand.

Eine besondere Würdigung der „Großfracht-Type Ju 52" kam aus dem Mund des Präsidenten der Fédération Aéronautique Internationale (FAI), Prinz Bibesco, der am 23. September 1931 aus Paris kommend, in den Junkerswerken zu Gast war. Sein Interesse galt Maschinen, die mit Junkers-Schweröl-Flugmotoren arbeiteten und im besonderen der Ju 52. Nach einem Probeflug bestellte er eine dreimotorige Maschine. Nach der Ausführung des Auftrages veröffentlichte der Junkers-Nachrichtendienst am 5. April 1932 folgendes Bulletin: „Das erste dreimotorige Flugzeug ist als Luftjacht für den Präsidenten der FAI, Prinz Bibesco, gebaut und mit drei Hispano-Suiza-Motoren ausgestattet, die eine Maximalleistung von insgesamt 1.900 PS (Mitte 750 PS, Seiten je 575 PS) besitzen. Damit wird eine Maximalgeschwindigkeit von ca. 246 km/h und eine Reisegeschwindigkeit von 220 km/h erreicht. Mit der vorhandenen Betriebsstoffanlage beträgt der Aktionsradius bei einem Gesamtfluggewicht von ca. 9.200 kg rund 2.000 km. Die Brennstoffbehälter jeder Seite sind an je ein Schnellablassventil angeschlossen, die vom Führersitz aus betätigt werden können. Auf diese Weise ist es mög-

Blick in den großen und optimal gestalteten Hauptladeraum der einmotorigen Junkers Ju 52.
Foto: Sammlung des Autors

Die D-2133, Werk-Nr. 4002, bei ihrer Seeprüfung in Travemünde im August 1931. Interessant sind die speziell für die Ju 52 entwickelten stromlinienförmigen Schwimmer, die auch einen Start bei unruhiger See ermöglichten. Foto: Lufthansa

Flugbuch-Eintragung über die Abnahmeflüge der Ju-52-Maschinen für die Schweiz mit den Werk-Nr. 6595 und 6610 vom September 1939.
Dokument: Archiv Arbeitskreis Junkerswerke und Fliegerhorst Bernburg

Der gestalterische Entwicklungsweg der Tragflächenkonstruktion:

a.) Die aerodynamische Formgebung der Tragflächen mit dem Junkers-Doppelflügelprofil bei der Ju 52/1m ergab sich aus den Windkanalversuchen.

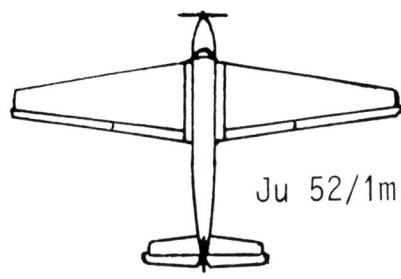

b.) Für die geplante dreimotorige Variante sollten die beiden Außentriebwerke an zwei Flügelzwischenstücke (gepunktete Fläche) montiert werden.

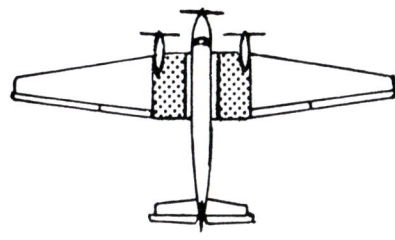

c.) Im praktischen Versuchsflug mit Motorattrappen stellte man fest, dass die Tragflächengröße auch ohne die Zwischenstücke ausreicht.

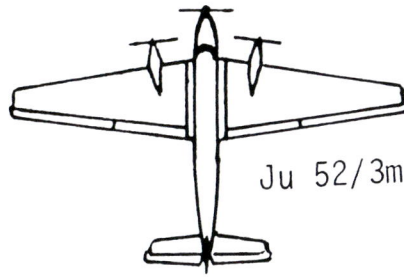

Dadurch war es ohne großen Kostenaufwand möglich, eine einmotorige Ju 52 zu einer Ju 52/3m umzurüsten.
Zeichnungen: Sammlung des Autors.

Im Frühjahr 1931 begann die Serienfertigung zur Ju 52/1m, daran schloss sich ab 1932 der Bau der Ju 52/3m an. Foto: Sammlung des Autors

lich, den gesamten Brennstoffinhalt innerhalb von zwei Minuten abzulassen. Die Kühlanlage für die Motoren ist so reichlich bemessen, dass das Flugzeug auch in tropischen Gegenden geflogen werden kann.

Entsprechend ihrer Verwendung hat die Luftjacht eine besondere Ausstattung erhalten. Hinter dem Führerraum befindet sich eine FT- und Radio-Anlage sowie die Toilette mit Waschgelegenheit. Der etwa 19,6 Kubikmeter große Kabinenraum ist in zwei Abteile unterteilt, wovon der vordere als Schlaf- und Aufenthaltsraum für die Begleitung, der hintere als Privataufenthalts- und Arbeitsraum für den Prinz dient.

Der vordere Kabinenraum wurde mit einer schalldämpfenden Isolation, die auf der Innenseite mit Metall-Silbertapete verkleidet ist, ausgestattet. Sämtliche Spanten sind mit Elektron-Blechprofilen verkleidet und entsprechend farbig gestrichen. Die Deckenrundungen bestehen aus hellfarbig lackierten Sperrholzplatten. Als Innenausstattung sind vier rote bequeme Ledersessel und ein langer Schrank aus Duralblech vorhanden; letzterer dient zur Aufnahme von zwei aus Elektronrohren zusammenlegbaren Bettgestellen, die hintereinander an der Kabinenwand über den Sesseln eingehängt werden können, und der „UVW"-Matratzen. Ferner ist ein Eckschrank aus Duralblech zur Aufbewahrung von Lebensmitteln und Akten

Eine der ersten von der Luft Hansa in Dienst gestellten Ju 52 war die D-2527 „Richthofen", Werk-Nr. 4022, hier bei ihrer Landung auf dem Junkers-Flugplatz in Dessau, 1933. Foto: Lufthansa

sowie ein zusammenklappbarer Tisch, einsteckbar in die Kabinenwand, eingebaut.

Durch eine Tür gelangt man in die hintere Kabine. Dieser Raum wurde ebenfalls mit einer schalldämpfenden Isolation ausgestattet, die aber auf der Innenseite mit Metall-Goldtapete verkleidet ist. Die Spanten, Eckwinkel etc. bestehen aus Elektron-Blech und wurden ebenfalls in einem der Tapete entsprechenden Farbton lackiert. Innenausstattung: eine Couch mit umsteckbarer Rückenlehne, die dann als Bett dient, darunter ein Schrank zur Aufbewahrung der Jagdgewehre (mit dem Flugzeug flog der Prinz auch zur Jagd nach Afrika), ein Klappschreibtisch mit Stuhl in braunem Leder und ein Gepäcknetz. Beide Räume sind mit Teppichen ausgelegt und haben Heizungs-, Beleuchtungs- und eine besondere Belüftungsanlage. Der größte Teil der Griffe für diese Anlagen sowie die Griffe für die Türen usw. sind verchromt. Hinter den Passagierräumen liegt ein größerer Gepäckraum, in dem gleichzeitig Trinkwasser-Behälter untergebracht sind. Weitere Frachträume liegen im Flügel-Mittelstück.

Die Luftjacht trägt die Zulassung CV-FAI (CV-Rumänien, FAI) und zeigt an den Flügelflächen Kokarden in Regenbogenfarben als Symbol der Internationalität der Fédération. Im Übrigen führt das Flugzeug die Hausflagge seines Besitzers und die Farben des Königreiches Rumänien."

Neben der Sonderausstattung weist diese Bauvariante bereits den hohen technischen Standard des Passagierflugzeuges und die komfortable bzw. qualitätsbewusste Einrichtung der großen Fluggastkabine auf. In einer Junkers Ju 52/3m saß jeder Passagier in der ersten Klasse.

Nun begann der weltweite Siegeszug eines Flugzeuges, das einen gewichtigen Baustein in der internationalen Luftfahrtgeschichte repräsentiert und Ursprung der heutigen modernen Luftfahrt ist.

Um die Produktivität weiter zu steigern, wurden die Dessauer Flugzeugwerke umstrukturiert. Unwirtschaftlich arbeitende Fertigungsbereiche wurden ausgegliedert, die Fertigung bestimmter Bauteile in Kooperation gegeben. Gleichzeitig reagierte das Unternehmen auch auf die gewachsene technische Komplexität im Flugzeug. Nicht nur die Bauteile hatten im räumlichen Umfang und in den Stückzahlen zugenommen, es erhöhte

Holme, Spanten, Wellblech

sich auch die technische Ausrüstung als Folge des gestiegenen Sicherheitsstandards und des Komforts. Baute die JFA 1930 insgesamt noch acht verschiedene Flugzeugtypen, so spezialisierte sie sich im Fertigungsprogramm bis Mitte 1932 im wesentlichen auf drei Typen: das Fracht-/Passagierflugzeug W 33/W 34, die Ju 52/3m und die K 47. Dadurch konnten die vorhandenen Produktionskapazitäten effektiver genutzt werden. Hinzu kam eine verbesserte Organisation der Materialbeschaffung und des Materialflusses, was sich auch im Preis niederschlug. Während für ein Flugzeug vom Typ Junkers F 13 noch 1930 rund 60.000 RM bezahlt werden mussten, kostete die Maschine 1932 nur noch 16.000 RM. Das „Junkers-Flugzeug für Jedermann", die Junkers-Junior A 50, erreichte 1932 mit rund 6.000, RM den Preis eines Automobils der oberen Mittelklasse. Ein Mercedes-Benz 260 etwa kostete zur gleichen Zeit 7. 755, RM.

Hoffte Professor Hugo Junkers an der Schwelle des Jahres 1932/33 nun endlich nach Ende der Inflation erstmals im Flugzeugwerk schwarze Zahlen schreiben zu können, spätestens nach der Machtergreifung der Nationalsozialisten am 30. Januar 1933 wurde diese Hoffnung zunichte gemacht. Die neue Regierungselite verfolgte andere Ziele. Trotz des „1000-Flugzeuge Programms", von dem sich auch Junkers einen riesigen Absatzmarkt für die Ju 52 erhoffte, sollte seine Rechnung nicht aufgehen.

DIE NAZIS SCHLAGEN ZU

Die Nationalsozialisten wollten die Dessauer Junkerswerke zu einem Rüstungszentrum entwickeln. Der liberale Professor Hugo Junkers stand diesem Ziele im Wege. Mit Verleumdungen und später auch Repressalien versuchte man, Hugo Junkers aus seinen Werken zu verdrängen. Ein Dossier an das in Berlin neu entstandene Reichsluftfahrtministerium (RLM) warf Junkers „landesverräterische Tätigkeit" vor. So hieß es wörtlich: „Junkers ist Pazifist. Er ist Demokrat. Er hat stets zu den Marxisten gehalten. Er hat fortgesetzt Ausländern vertraut, ihnen Geheimnisse sei-

Im neuen Flugzeugbau-Zweigwerk Bernburg der Junkers Flugzeug- und -Motorenwerke AG verließ am 2. Oktober 1937 das erste Flugzeug die Montagehalle, eine Ju 52/3m.
Foto: Archiv Arbeitskreis Junkerswerke und Fliegerhorst Bernburg

Probelauf einer Junkers Ju 52/3m ohne die aerodynamischen Kühlerringe, die für diese Maschine ein charakteristisches Merkmal waren. So ist die sternförmige Anordnung der einzelnen Zylinder der Motore gut zu erkennen, Aufnahme aus dem Jahr 1932. Foto: Lufthansa

ner Werke preisgegeben. Er hat die Leitung seiner Werke verdächtigen und politisch belasteten Personen überlassen." So bot die NS Verordnung zum Schutz von Volk und Staat die Möglichkeit, „die nationale und wirtschaftliche Zuverlässigkeit der führenden Männer der Firmen nachzuprüfen, die Träger des Aufbauprogramms werden" sollten. Nach einem geschickt inszenierten Plan erfolgte im Laufe des Jahres 1933 die schrittweise Enteignung von Hugo Junkers.

„Unter dem Zwang der Umstände" unterschrieb Junkers am 2. Juni den Übertragungsvertrag mit dem Reichsluftfahrtministerium in Berlin. Insgesamt handelte es sich um 106 Patentschriften, die die Luftfahrt und den Motorenbau betrafen.

Familienangehörige und enge Mitarbeiter von Professor Junkers waren zeitweilig in „Schutzhaft" genommen worden, um ihn gefügiger zu machen.

Am 15. Oktober wurde Hugo Junkers von den Nationalsozialisten als politisch unzuverlässig für die Einbeziehung seiner Flugzeug- und Motoren-Werke in die geplante Aufrüstung angesehen und unter Androhung eines Landesverratsprozesses zum Ausscheiden aus seinen Betrieben gezwungen.

Das Reichsluftfahrtministerium vereinnahmte, ohne Gegenwert zu leisten, 51 Prozent der persönlichen Junkers-Aktien.

Professor Junkers durfte die Stätten seines Wirkens, die Stadt Dessau und seine Betriebe, nicht mehr betreten. Gleichzeitig war

Holme, Spanten, Wellblech

ihm jeglicher Kontakt zu außen stehenden Personen, auch zu einem Teil der Familienangehörigen, untersagt. Als Aufenthaltsort waren für ihn Bayrischzell und München festgelegt worden. Dort stand er unter ständiger Polizeiaufsicht.

Auf Veranlassung des Reichsluftfahrtministeriums legte Junkers mit Wirkung vom 24. November seine Funktion im Aufsichtsrat der IFA und Jumo nieder. Diese Ämter übernahm am 6. Dezember 1933 Heinrich Koppenberg, ehemaliger Direktor des Flick-Konzerns.

Im Junkers Flugzeug- und Motorenwerk (JFM) begann im Rahmen eines „Programms für Arbeitsbeschaffung" im Auftrag von Hermann Göring als Reichsminister für Luftfahrt der Großserienbau von Junkers Ju 52/3m, W 33 und W 34 für militärische Zwecke. Gleichzeitig erfolgte der systematische und groß angelegte Ausbau der JFM-Werke zu einem der größten und modernsten Rüstungsbetriebe der Welt.

Das nun zu einem Staatskonzern gehörende Dessauer Flugzeugwerk lieferte mit seinen Zulieferbetrieben die geforderte Zahl von 400 Ju-52-Maschinen pro Jahr in Form einer „fließenden Fertigung". Erst ab diesem Zeitpunkt wurde das ursprünglich entwickelte und begonnene Fertigungsprogramm für kombinierte Passagier-Transport-Flugzeuge zum Hilfsbomber-Programm erweitert. Ein Fakt, der in zahlreichen Veröffentlichungen über die Ju 52 historisch nicht klar abgegrenzt wurde und so zu Falschinterpretationen in bezug auf die Person Hugo Junkers und der Ju 52 führte.

Die D-3049 „Heinrich Gontermann", Werk-Nr. 4035, präsentiert sich 1934 im Outfit der Deutschen Lufthansa. Foto: Lufthansa

Das Rumpfende der Ju 52 vermittelt einen interessanten Einblick in die Konstruktion des Flugzeuges. Dem statischen Kräfteverlauf folgend gliedert sich das Rumpfwerk in Form eines Fachwerks. Nur die Raumeinteilungsspanten sind verstrebt wie ein Fachwerk, alle übrigen Spanten sind offen. Die Seitengerüste sind diagonal verstrebt und gewährleisten einen optimalen Kräfteverlauf. Teilweise dünne Streben, sogenannte Pfetten, verstärken das Wellblech der Beplankung, die auch als Außenhaut bezeichnet wird. Das abgesteifte Wellblech dient somit auch der Übertragung von Kräften. Durch diesen verteilten und zugleich ineinandergreifenden Kräfteverlauf entsteht ein statisch stabiles System, das hohen bis extremen Belastungen standhält und zugleich eine optimale Raumauslastung gewährleistet. Diese typische Junkers-Bauweise bildete die Garantie für die existentiellen Faktoren der:
- Sicherheit,
- Solidität,
- Zuverlässigkeit und
- Wirtschaftlichkeit.

Foto: Sammlung des Autors

Um es klarzustellen: die Entwicklung der Junkers Ju 52 begann 1929/30 nach marktspezifischen Gesichtspunkten. Nach den Intentionen der Ingenieure und Techniker um den Chefkonstrukteur Ernst Zindel entstand bis zur Serienreife der Ju 52/3m ein Flugzeugtyp mit zivilem Charakter. Erst nach dem erzwungenen Ausscheiden von Professor Hugo Junkers in der Nacht vom 17. zum 18. Oktober 1933 änderte sich die Unternehmensführung des Flugzeugwerkes in Richtung Rüstungszentrum. Dadurch wurde auch die Ju 52 in militärische Konzeptionen einbezogen, sodass sie letztendlich als Hilfsbomber, Truppentransporter und fliegendes Lazarett im Zweiten Weltkrieg zum Einsatz kam.

Das ließ die Ju 52 zwiespältig erscheinen. Noch im neuen Jahrtausend, bei der begonnenen Weltumrundung einer Ju 52 mit dem Kennzeichen der neutralen Schweiz, gab es bei dem geplanten Überfliegen eines Landes emotionsgeladene Proteste und Vorbehalte von dortigen Politikern, sodass der Flug abgebrochen werden musste.

Über die Janusköpfigkeit der Technik

Vom Passagierflugzeug zum Transportflugzeug

Im Zuge der geheimen Luftrüstung untersuchte das Heereswaffenamt der Reichswehr Ende der 1920er-Jahre mehrere Flugzeugtypen, um ihre eventuelle Eignung als Waffenträger festzustellen. Auch bei den Militärs in anderen europäischen Ländern ist in dieser Zeit ein ähnlicher Trend zu verzeichnen. Man stellte die Forderung, technisches Know-how auch militärisch zu nutzen. Der schnelle Technologieschub in der metallverarbeitenden und -veredelnden Industrie, die stetige Weiterentwicklung der Motorentechnik und eine praxis- d. h. produktionsbezogene Umsetzung von naturwissenschaftlichen Forschungsergebnissen schufen die Grundlagen dieser Zielstel-

Meistgebaute Militärversion einer Ju 52 ist das Land- und Seetransportflugzeug Ju 52/3mg5e. Aufgrund der soliden und nahezu wartungsfreien Konstruktion war dieser Baureihentyp lange im Einsatz. So musterte die portugiesische Luftwaffe ihre Ju-52-Maschinen erst 1971 aus. Foto: Sammlung des Autors

Eine Ju-52/3mg3e-Staffel der Luftwaffe in Parkposition, Fliegerhorst Bernburg.
Foto: Sammlung des Autors

lung. In der Entwicklung der Luftfahrtindustrie ist dieser Innovationsschub von Wissenschaft und Technik anschaulich zu verfolgen. Insbesondere bei den deutschen Luftfahrtunternehmen vollzog sich eine rasante Produktentwicklung, die von fertigungstechnischen Neuerungen jeglicher Art bestimmt waren. Mit seinen Forschungen und Neuentwicklungen setzte Professor Hugo Junkers in der Luftfahrt im internationalen Maßstab richtungsweisende Akzente. Daher signalisierte Schweden, dessen Kriegsministerium damals mit der Reichswehr zusammenarbeitete, Kaufinteresse an der gerade in Serie gehenden Ju 52. Im Dezember 1932 erhielt die A. B. Flygindustri Limhamn in Schweden eine Junkers Ju 52/1m, Werk-Nr. 4001, mit der Kennung D-2317, Eigentum der Deutschen Verkehrsfliegerschule GmbH (DVS) in Berlin. Als Torpedo-Flugzeug mit Schwimmer und einer Torpedoabwurfvorrichtung ausgestattet, flog diese Ju 52 mit der schwedischen Kennung SE-ADM, nun unter der Baureihe K 45 registriert, militärische Erprobungsflüge in einem Marinestützpunkt. Die angestrebten Ergebnisse waren nicht zufriedenstellend. So kam man zu der Beurteilung, die Ju-52-Variante K 45 sei für Angriffsflüge nicht geeignet. Bemängelt wurden die geringe Fluggeschwindigkeit, die begrenzte Bombenlast und die unzulängliche Bewaffnung. Die Vorzüge der Ju 52, wie gute Flugeigenschaften, große Sicherheit, hohe Zuverlässigkeit, geringer Wartungsaufwand und schnelle Verfügbarkeit waren für die Schweden nicht vorrangig von Interesse. Jedoch charakterisierten gerade diese Kriterien den Nutzungszweck des Flugzeuges, das ausschließlich für den zivilen Passagier- und Transport-Luftverkehr entwickelt worden war.

Dass die Ju 52 trotz dieser Einschätzung knapp zwei Jahre später doch als „Behelfsbomber" in das Fertigungsprogramm des neu entstandenen Reichsluftfahrtministeriums aufgenommen wurde, ist daher umso erstaunlicher und wird im Folgenden erläutert.

PRIORITÄT FÜR DIE AUFRÜSTUNG

Mit der Ernennung von Adolf Hitler zum Reichskanzler am 30. Januar 1933 veränderten sich die politischen Verhältnisse in Deutschland. Dieser Tag markierte das Ende der Weimarer Republik. Die an die Macht gelangten Nationalsozialisten strebten eine totalitäre Diktatur an, in der die militärische Aufrüstung das Wirtschaftsgeschehen bestimmen sollte. Diese Situation beschrieb der Chefkonstrukteur der Ju 52/3m, Ernst Zindel, Jahrzehnte später mit den Worten: „Obwohl einige Jahre vorher eine Kommission des Heereswaffenamtes bei einem Informationsbesuch bei Junkers in Dessau ein vernichtendes Urteil über die Ju 52 gefällt und missbilligend festgestellt hatte, dass diese als Bomber völlig ungeeignet wäre, besann man sich im neu errichteten Luftfahrtministerium, dessen Chef der frühere technische Direktor der Deutschen Luft Hansa AG (DLH), Erhard Milch, geworden war – der übrigens auch aus der Junkers-Luftverkehrs AG hervorgegangen und bei der Fusion und Gründung der DLH zu dieser übergetreten war – auf die gute, im friedlichen Luftverkehr schon so bewährte Ju 52 und machte aus ihr, nolens volens, einen Behelfsbomber! Da man

Vom Passagierflugzeug zum Transportflugzeug

bei der deutschen Luftwaffe schnell mit dem Serienbau von Bombern beginnen wollte, aber sonst kein geeignetes Flugzeug hatte, wurde als Auswegslösung die sogenannte Senkrechtaufhängung und der Senkrechtabwurf der Bomben gewählt. Eine Lösung, die allerdings eine gewisse Beeinträchtigung der Zielgenauigkeit mit sich brachte. So wurden also vom Heereswaffenamt bzw. Reichsluftfahrtministerium (RLM) schnellstens Vertikal-Bombenschächte entwickelt und erprobt, welche entweder eine 250kg-Bombe oder vier 50kg-Bomben in Vertikalaufhängung aufnehmen konnten. Von diesen Vertikal-Bombenschächten passten gerade zwei Stück zwischen zwei Hauptträger der Ju 52 hintereinander, sodass die Bomben durch die Zwischenräume hindurch abgeworfen werden konnten. Maxi-

Auf dem Cockpit der Transport-Ju 52/3mg9e befand sich die sogenannte Condorhaube, eine überdachte Drehkranzlafette mit einem MG-Stand. Foto: Sammlung des Autors

links: Unmittelbar neben der Steuersäule des Flugkapitäns befanden sich die Anzeige- und Bediengeräte für die SAM-Kurssteuerung K 4ü. Foto: Sammlung des Autors

rechts: Bordinstrumente im Cockpit eines Ju-52-Transporters. Foto: Sammlung des Autors

mal konnten zwischen den drei Hauptträgern acht Bombenschächte für 8 Bomben zu 250 kg oder 32 Bomben zu 50 kg untergebracht werden.

Als Abwehrbewaffnung erhielt die Maschine einen MG-Stand auf der Rumpfoberseite und einen unteren MG-Stand in einem aus dem Rumpf ausfahrbaren Turm, der auch gleichzeitig als Beobachtungsstand für den Bombenschützen dienen sollte. Die Junkers-Flugzeugwerke erhielten nun 1934 vom RLM den Auftrag für den beschleunigten Bau einer größeren Serie solcher Bomber, und zwar in einer für damalige Begriffe völlig ungewöhnlichen Stückzahl von etwa 1.200 Maschinen, wobei die Zahl der monatlich auszubringenden Maschinen nach einer gewissen Anlaufzeit in der Größenordnung von 60 lag."

In der deutschen Luftfahrtindustrie fertigte man ab 1935 eine neu entwickelte Bombergeneration. Leistungsstärkere Maschinen wie die JFM Ju 86, die Heinkel He 111 u. a. Bombenflugzeuge ersetzten den „Behelfsbomber Ju 52". Die Großfabrikation der Ju 52/3m wurde jedoch nicht eingestellt. Im Gegenteil, gerade die 1936 im JFM-Endmontagewerk Bernburg angelaufene Ju-52-Produktion lief auf vollen Touren. Aber auch bei den Lizenznehmern wie ATG in Leipzig, Blohm & Voss in Hamburg oder dem Weser Flugzeugbau rollten die Ju 52/3m weiter aus den Montagehallen. Neben einer Reihe von Zivilvarianten für die Lufthansa und anderer Fluggesellschaften in Europa und Übersee stand nun die Baureihenfertigung als Truppentransporter auf dem Programm. Als Standardflugzeug für die rückwärtigen Dienste der verschiedenen Wehrmachtsverbände, für den Einsatz von Luftlandetruppen und Fallschirmjägern, als Sanitäts- und Versorgungsflugzeug, aber auch als Schleppmaschine für Lastensegler und andere Sonderaufgaben war die Ju 52 nun vorgesehen. Je nach Einsatz und Aufgabengebiet erhielt sie ihre Ausrüstung.

Die JFM Ju 52/3m bildete die Transportbasis der Luftwaffe für die deutsche Wehrmacht. Sie spielte in der Logistik der offensiven Kriegsstrategie, gerade in der Blitzkriegsphase eine wichtige Rolle. Im weiteren Kriegsverlauf, besonders in dessen Endphase, gestalteten sich die Transportoperationen zu einer existentiellen Aufgabe. Ihr Einsatz konnte für die Besatzung und die mitfliegenden Soldaten eine Entscheidung über Leben oder Tod sein.

Der 28. Juni 1944 brachte die Einstellung der Produktion sämtlicher Kampf- und Transportflugzeuge. Das betraf auch den JFM-Transporter Ju 52/3m und sein Folgemuster, die Ju 352. Durch diese Verschiebung der Prioritätenliste im Luftwaffenprogramm zugunsten der Jagdflugzeugproduktion gewannen Kräfte in der Wehrmacht und Militärwirtschaft die Oberhand, die über diese Umstellung halfen, den Krieg zu verlängern. Bereits am 4. Juni 1944 forderte Albert Speer von Hitler, ihm die Luftrüstung zu unterstellen. Diese ab 1. August 1944 gewährte Befehlsgewalt ebnete Speer den direkten Weg

Motorenwechsel an Ju-52-Transportmaschinen auf einem Feldflughafen in Sizilien. Foto: Sammlung des Autors

zur Einflussnahme auf das Reichsluftfahrtministerium und die Luftfahrtindustrie.

Mit der Einstellung der JFM-Ju-52/3m-Baureihenfertigung ab Juli 1944 endete das Militärprogramm eines Flugzeugtyps, der bereits zu Beginn des Zweiten Weltkriegs aus militärtechnischer Sicht als völlig veraltet galt.

Vom operativen Einsatz her gehörte die JFM Ju 52/3m, abgesehen von der wenig effektiven Bomberversion, eindeutig zur defensiven Militärtechnik. Die Vorteile ihrer soliden und robusten Konstruktion, ihre hohe Flugsicherheit und hervorragenden Flugeigenschaften sowie der niedrige Wartungsaufwand und vor allem ihre hohe Transportkapazität gaben für das Reichsluftfahrtministerium den entscheidenden Ausschlag bei der Auswahl als Transportflugzeug. Auch Militärs anderer Länder wussten die guten Eigenschaften der Ju 52 zu schätzen. So flogen Ju-52-Transporter bis Ende der 1960er-Jahre für die spanische und französische Armee. Unter französischer Kennung beteiligte sich während der Berlin-Blockade zwischen 1948/49 auch eine Ju 52/3m am Luftbrückenflug. Als sogenanntes Beutegut-Flugzeug kam die Ju 52 in England, Frankreich, den USA, aber vor allem in größeren Stückzahlen in der Sowjetunion bis weit in die Fünfzigerjahre zum Einsatz. Verschiedene Fluggesellschaften nutzten erbeutete Ju-52-Maschinen oder erwarben Nachkriegs-Lizenzbauten, die bis in die 1960er-Jahre im Einsatz waren. Die Schweizer Flugwaffe musterte ihre im September 1939 in Dienst gestellten Ju-52-Maschinen erst im Herbst 1981 aus, die seitdem unter dem Namen Ju-Air fliegen.

Die Zahl der weltweit noch vorhandenen und in verschiedenen Museen, luftfahrt-technischen Sammlungen oder auf Flughäfen ausgestellten Ju 52/3m ist groß. Auch von den in Lizenz gebauten Maschinen gibt es noch etliche. Und das Interessante daran ist, dass jede Maschine ihre eigene persönliche Geschichte besitzt, die es wert wäre festzuhalten. Nach Aussagen von Ernst Zindel sollen von den rund 5.400 gebauten Ju-52/3m-Maschinen etwa 3.800 Flugzeuge für die Luftwaffe geflogen sein. Über die genannten Zahlen gibt es je nach Quellenlage unterschiedliche Aussagen.

Funktechnik

Die funktechnische Anlage (FT) einer Ju 52, hier für das Land-See-Transportflugzeug Ju 52/3mg5e, besaß ausgezeichnete Blindflugeigenschaften. Details der FT-Anlage: Zielflug-Peilempfänger EZ 2, oben links; Fernbediengerät und Funkpeil-Anzeigegerät mit Funkpeil-Tochterkompass, Mitte; Blindlande-Empfänger E Bl 1 und 2 mit Umformer U 8, unter dem Tisch. Über der Tür befinden sich: die Borduhr, der Umformer-Anlasser und die Antennen-Anpassung. Auf der rechten Seite ist von oben nach unten zu sehen: das Antennenzusatz-Gerät, der Sender S 4o, darunter der Empfänger E 4o, ein Testgerät, eine Handlampe mit Kabelverlängerung und mehrere Batteriekästen.

Fotos: Sammlung des Autors

Junkers Ju 52/3mge

JFM Ju 52/3mg6e

JFM Ju 52/3mg3e

JFM Ju 52/3mg-MS

JFM Ju 52/3mg4e

JFM Ju 52/3mg5e

JFM Ju 52/3mg9e

Seitenrisse bzw. Draufsicht verschiedener Ju-52-Militärversionen im Vergleich. Zeichnungen: Sammlung des Autors

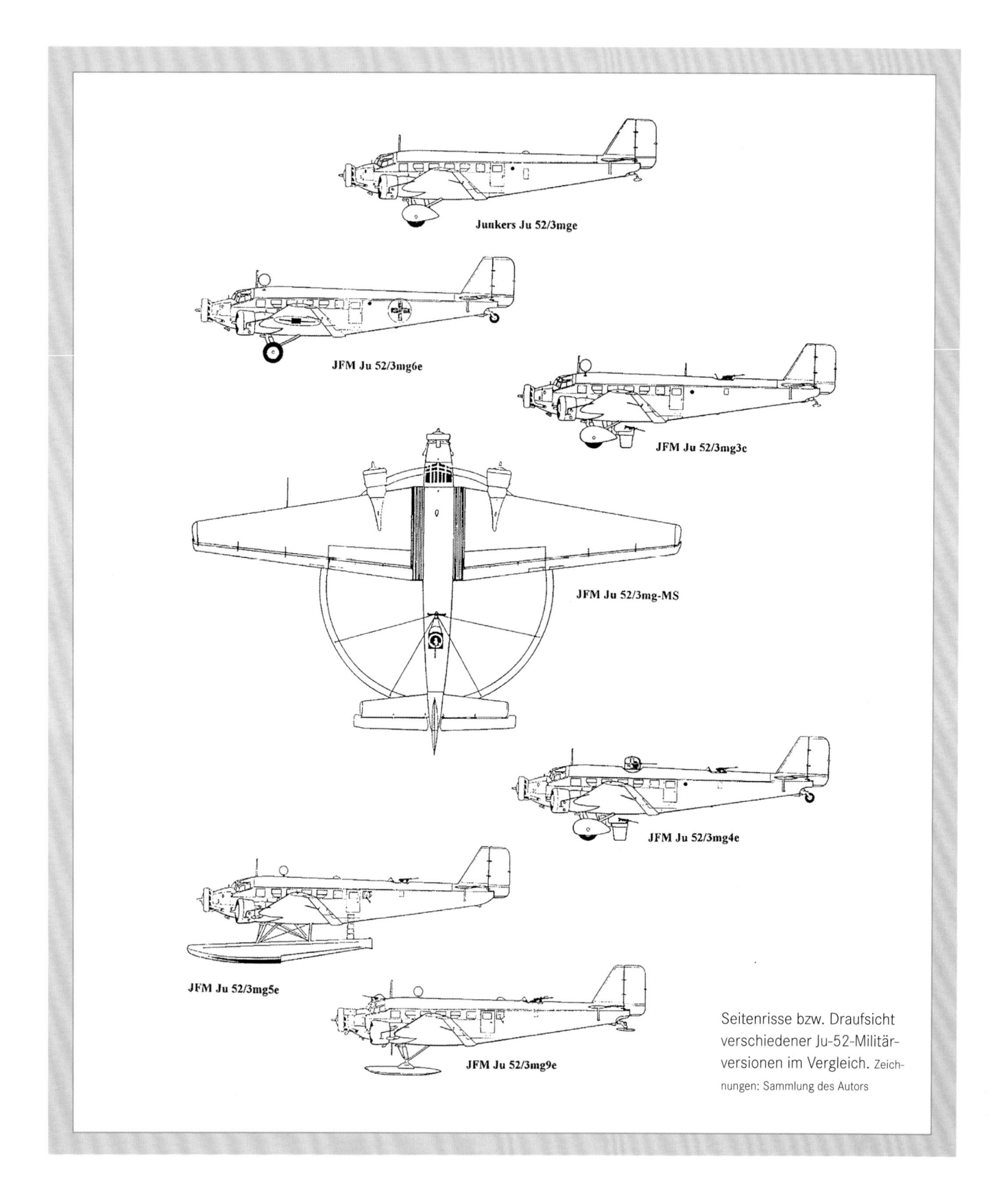

Die Ju 52 im Kriegseinsatz

Im administrativen Einsatz der fliegenden Verbände

Nachdem die Nationalsozialistische Regierung durch ihr Reichsluftfahrtministerium (RLM) im Oktober 1933 die Junkers Flugzeugwerke und Junkers Motorenwerke an sich rissen und zu einem Staatskonzern umwandelten, konnte der NS-Plan einer gezielten Aufrüstung begonnen werden. Zuvor wurden durch perfide Maßnahmen, u. a. Androhung eines Landesverrats-Prozesses, der Eigentümer Hugo Junkers aus seinen Dessauer Flugzeug- und Motorenwerken gedrängt, was einer Zwangsenteignung gleich kam. Das vorhandene wis-

Fallschirmjäger im Einsatz, Kreta im Mai 1941. Foto: Kleiner Mai 1941, Bundesarchiv

Die Ju 52/3m als Militärtransporter und Hilfsbomber im Spanischen Bürgerkrieg ab 1936. Foto: Sammlung des Autors

Eine Ju 52/3mg-MS mit Minensprengring, kurz Mausi genannt, im Einsatz über der Nordsee, 1942. Foto: Sammlung des Autors

senschaftlich-technische Know-how in den Junkerswerken war die Basis für den Aufbau der neuen Luftwaffe, ein Ziel, dem sich Hugo Junkers stets verweigert hatte.

Aus dem innovativen und international geachteten Dessauer Luftfahrtforschungszentrum entstand ein Staatskonzern und Rüstungszentrum. Und welch ein Zynismus, der in der Welt geschätzte Name „Junkers" wurde beibehalten und seine Forschungen militärisch genutzt. So geriet auch das Verkehrsflugzeug vom Typ Ju 52/3m in den Fokus des Militärs. Es gibt wohl keinen erreichbaren Ort in Europa und Afrika, an dem die Ju 52/3m im Zweiten Weltkrieg nicht präsent war. Die Maschine absolvierte jeden noch so schwierigen Einsatz, sei es als Transportflugzeug für Materialien, für Fallschirmjäger und Luftlandetruppen, als Schleppflugzeug für Lastensegler, Sanitätsflugzeug oder fliegendes Lazarett, Aufklärer und Beobachter, Kurier- und Stabsmaschine für Verbindungsflüge, sogar als Minensuchflugzeug oder fliegender Be-

fehlsstand. Universell einsetzbar für die Zwecke des Militärs, obwohl Hugo Junkers mit seinem Konstrukteur Ernst Zindel die Ju 52 als Verkehrsflugzeug mit humanitären Absichten entwickelte. Der Name blieb, und so stand dieses Flugzeug mit der einprägsamen Typenbezeichnung Ju 52 und ihrem nun auch militärischen Einsatz als Synonym für die Janusköpfigkeit von Erfindungen und ihren technischen Anwendungen.

Ihren ersten militärischen Einsatz als umfunktioniertes Bombenflugzeug flog die Ju 52/3m bereits 1932. Die bolivianische Fluggesellschaft „Lloyd Aereo Boliviano" hatte zunächst zwei und danach fünf weitere Junkers Ju 52/3m in Dessau geordert und setzte diese im regelmäßigen Flugdienst ein. Die Flugplätze im Hochland des Andenstaates liegen bis zu 4.000 Metern über dem Meeresspiegel und verlangten den Piloten, aber im Besonderen den Motoren und den Maschinen Höchstleistungen ab. Ihr Auslastungsgrad lag bei annähernd 100 Prozent.

Im administrativen Einsatz der fliegenden Verbände

Man fasste schnell Vertrauen zur Ju 52 und schätzte die Qualität, Technik und Zuverlässigkeit des Flugzeuges.

Als es 1932 bis 1935 zwischen Bolivien und Paraguay um das Urwaldgebiet des Gran Chaco zu einem Krieg kam, benutzte Bolivien die Flugzeuge kurzerhand als Waffenträger für den Bombenabwurf und als Truppentransporter in den Kampfgebieten. Der Abwurf der Bomben und Brandsätze erfolgte aus der offenen Tür durch das mitfliegende Personal per Hand. Zielgenaue Bombentreffer wurden bei diesen Kämpfen zum Glück nur selten erreicht, denn dafür gab es keine Zielvorrichtungen. Doch die bolivianische Armee zeigte sich mit dieser Drohgebärde als Demonstration ihrer Stärke zufrieden.

Erfolgten diese Militäreinsätze der Ju 52 jedoch fernab von Europa, die Reichswehr und auch die Deutsche Luft Hansa, hier deren Technischer Direktor Erhard Milch, verfolgten aufmerksam solche Ju-52-Einsätze. Nach Einschätzung der Reichswehr-Kommission, welche seit Ende der Zwanzigerjahre eine geheime Entwicklungs- und Stammliste für militärisch nutzbare Flugzeugmuster führte, war die Ju 52 jedoch als Bombenflugzeug völlig ungeeignet. Die Tragwerkkonstruktion des Hauptflügelträgers und das starre Rumpf-Fahrwerk verhinderten die Außenaufhängung einer Bombenlast. Nur durch gesonderte Bombenschächte im Rumpf wäre ein Abwurf möglich. Die Umbaukosten für eine militärische Variante lagen zu hoch. Dafür eignete sich die Ju 52/3m jedoch als ein nahezu universal einsetzbares Transportflugzeug.

IM SPANISCHEN BÜRGERKRIEG

Zu einer Generalprobe der Waffentechnik im Vorfeld des Zweiten Weltkrieges sollte es im spanischen Bürgerkrieg zwischen 1936 und 1939 kommen. Als Reaktion auf die Bildung einer Volksfrontregierung am 16. Februar 1936 in Spanien putschte am 13. Juli im spanischen Nordafrika das Militär unter General Franco und begann eine Offensive gegen die Regierung in Madrid. Im Land selbst standen sich die Bürger in zwei sozial unterschiedlich positionierten Gruppierungen gegenüber. Sympathisanten beider Seiten unterstützten diesen Bürgerkrieg. Spenden und Hilfsgüter, freiwillige Kämpfer aus zahlreichen demokratischen Ländern und der Sowjetunion unterstützten die Volksfront gegen Franco. Franco dagegen erhielt Hilfe durch die Regierungen Italiens und Deutschlands. Während Italien 20.000 reguläre Truppen und 27.000 Freiwillige sowie Schiffe und Waffentechnik schickte, entsandten Hitler und Göring eine Spezialeinheit, die KG 88 „Legion Condor".

Gleichzeitig unterstützte die deutsche Wehrmacht den Aufbau der spanischen Luftwaffe durch die Ausbildung von Piloten und die Bereitstellung von Flugzeugen, darunter 64 Maschinen vom Typ Ju 52/3m der Baureihen g3a und g4a.

Von diesem Militärtransfer profitierte die Wehrmacht, besonders jedoch die Luftwaffe in Bezug auf Mannschaft und Waffentechnik. Dabei fiel der Ju 52/3m die Rolle zu, als Trup-

Rohrgerüst für den Schleppsporn 6000 für den Lastenflug an der Ju 52. Die Verbindungskupplung und die Stecker für Stromanschluss und Sprechverbindung zum Segelschleppflugzeug sind gut erkennbar. Foto: Sammlung des Autors

Wache vor einer Ju 52 auf einem Feldflugplatz an der Westfront 1940. Foto: Sammlung des Autors

Eine Ju 52 wird von Schnee und Eis befreit und in Einsatzbereitschaft gebracht. Ostfront im Winter 1943. Foto: Sammlung des Autors

pentransporter und für den Lastenflug zwischen Nordafrika und der iberischen Halbinsel wirksam zu werden. Danach flog sie Soldaten, Munition und Waffen in die einzelnen Kampfgebiete, um die anfangs stark zergliederten und lokalen Frontabschnitte miteinander zu verbinden. Als operativ-taktischer Waffenträger erhielt 1937 die Ju 52 ihren unrühmlichen Auftrag, Bombeneinsätze, teilweise in Kombination mit dem Stuka Ju 87, auf Frontstellungen, Befehlsstände, Nachschubwege, aber auch auf zivile Ziele zu fliegen. Die Bombardierung der Stadt Guernica mit Ju-52-Maschinen gilt als das Menetekel dieses Flugzeuges und verdeutlicht die Janusköpfigkeit der Technik und ihres Missbrauchs.

Der Sieg Francos am 1. April 1939 beendete zwar den Bürgerkrieg, doch seine Grausamkeiten spaltete für Jahrzehnte die spanische Gesellschaft. Dass sich die drei Westmächte des Ersten Weltkrieges, sowohl diplomatisch als auch militärisch, aus dem Spanienkrieg heraushielten, gehörte mit zu den Erfahrungen, die Hitler, seine Partei und sein Generalstab in der weiteren Aufrüstung des Deutschen Reiches und ihrer Hegemonie stärken sollten.

ALS FLIEGENDER TRANSPORTER AN ALLEN FRONTEN

Im Gegensatz zu den Jagd- und Bombengeschwadern der deutschen Luftwaffe, deren Kampfeinsätze im Zweiten Weltkrieg in der Kriegsberichterstattung und Propaganda im Film, in der Presse und im Rundfunk eine besondere Rolle spielten, berichteten die Medien relativ wenig bzw. zurückhaltend über die Aufgaben der fliegenden Transportverbände. Erst durch die Besetzung Norwegens im April 1940, den Handstreich auf das belgische Fort Eben Emael am 10. Mai 1940, dem Einsatz im Afrika-Feldzug, die Luftlandeoperation auf der Insel Kreta im Mai 1941 und besonders die Luftbrücke nach Stalingrad vom November 1942 bis Januar 1943 rückten diese Spezialverbände verstärkt in das Bild der Öffentlichkeit.

Es gibt keinen Kriegsschauplatz in Europa und Afrika, auf dem die Ju 52/3m nicht flog. Sie absolvierte jeden Einsatz, der ihr zugemutet wurde. Sie startete und landete auf Flugplätzen, Wiesen, ebenen Feldflächen, planierten Geröllhalden und Schneeflächen, festem Wüstensand, Wasserflächen, Eisdecken von Seen und Flüssen. Sie absolvierte diese Flüge bei Tag und bei Nacht, zu jeder Jahreszeit und auch im Blindflug. Ausgerüstet nach Einsatzgebiet und Jahreszeit bestand ihr Fahrgestell aus Rädern, als Schwimmer oder Gleitkufen.

Nicht nur in der Militärlogistik der Luftwaffe sondern in allen Waffengattungen der Wehrmacht spielte die Ju 52/3m eine existentielle Rolle. Sie bildete das sprichwörtliche Rückrat der administrativen Dienste, denn die Ju-52-Transportverbände flogen Ausrüstung, Kraftstoff, Munition, Verpflegung, Medikamente und andere dringend benötigte Gegenstände an jeden Frontabschnitt und in jedes Einsatzgebiet. Die fliegenden Transportverbände verhalfen der Wehrmacht zu jener strategischen Schnelligkeit, die taktische Kampfhandlungen nach einem effektiven Zeitplan ermöglichten. Dagegen entwickelten sich die Aufgaben der Transportverbände in der Endphase des Krieges zumeist zu dramatischen Rettungsaktionen.

Kreta und Stalingrad symbolisieren in aller Konsequenz die Gegensätzlichkeit der Einsatzziele der fliegenden Verbände. Die Luftlandeinvasion auf die von den Engländern besetzte Mittelmeerinsel Kreta war eine offensive Militäraktion der Wehrmacht mit dem Ziel, die wichtigste strategische Militärbasis der westlichen Alliierten im Mittelmeerraum auszuschalten. Am 20. Mai

Im administrativen Einsatz der fliegenden Verbände

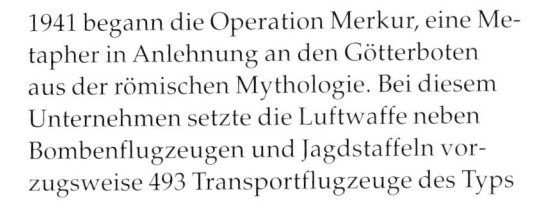

links: Ju-52-Einsatz als Truppentransporter an der Ostfront im Winter 1941/42. Foto: Ullrich, Bundesarchiv

rechts: Start eines Ju-52-Transporters an der Ostfront. Foto: Richard Muck 1943, Bundesarchiv

1941 begann die Operation Merkur, eine Metapher in Anlehnung an den Götterboten aus der römischen Mythologie. Bei diesem Unternehmen setzte die Luftwaffe neben Bombenflugzeugen und Jagdstaffeln vorzugsweise 493 Transportflugzeuge des Typs Ju 52/3m und rund 80 Lastensegler ein. Zuvor wurde die „Festung Kreta", die mit englischen Truppenkontingenten aus Australien, Neuseeland und den afrikanischen Kolonien verstärkt worden war und in deren Schussfeld englische Kriegsschiffe

Bereits bei ihrem ersten Wintereinsatz 1932/33 bewährte sich die Ju 52 unter extremen Temperaturbedingungen im schwedischen Luftpostdienst. Foto: Postmuseum Stockholm

Zurückgelassen: Ein demontierter und ausgebrannter Ju-52-Tranporter in der heißen Wüste von Nordafrika.
Foto: Sammlung des Autors

Winterlicher Start einer Kuriermaschine.
Foto: Sammlung des Autors

kreuzten, mit angreifenden Bomberstaffeln belegt. Dadurch sollten die Küstenbatterien und die Schiffsgeschütze ausgeschaltet werden. Doch die nachrückenden Luftlandetruppen, bestehend aus Fallschirm- und Gebirgsjägern der Wehrmacht, stießen noch in der Luft auf einen erbitterten Widerstand. Die Luft- und Seeschlacht hielt bis zum 23. Mai in unverminderter Härte an, bis die englischen Armeekontingente ihren Widerstand aufgaben.

Mit der Räumung der Insel durch die Briten ab 28. Mai 1941 und der Kapitulation endete die bis dahin größte Luftlandeoperation, die auf beiden Seiten einen bis dahin unvergleichlichen hohen Blutzoll gefordert hatte. Die Luftwaffe meldete den totalen Verlust von 271 Transportflugzeugen des Typs Ju 52/3m. Im Rahmen der Kampfhandlungen fielen von den 13.000 abgesetzten Fallschirm- und 9.000 Gebirgsjägern 6.453 Soldaten. Von englischer Seite wurde eine ähnlich erschreckende Bilanz gezogen. Rund 17.000 Tote hatten die englischen Truppenverbände zu beklagen. Hinzu kam die Versenkung von zwei Kreuzern und vier Zerstörern. Ein Panzerkreuzer, vier weitere Zerstörer und eine Reihe von Transportschiffen waren schwer beschädigt, manövrierunfähig und ausgebrannt. Da die deutschen Marineverbände den Seeweg nach Kreta nicht rechtzeitig absichern konnten, flogen die Ju-52-Transportverbände noch längere Zeit täglich 200 bis 240 Versorgungseinsätze zur Insel und praktizierten so erstmals das Prinzip einer Luftbrücke. Fakten und Zahlen, welche die Grenzen, Sinnlosigkeit und das Zerstörungspotential eines Krieges vor Augen führen.

Neben den Einsätzen der Ju-52-Lufttransportverbände, die speziell im Mittelmeerraum zwischen den griechischen Inseln und

Im administrativen Einsatz der fliegenden Verbände

Schwere Motortechnik wird für den Fronteinsatz verladen. Fotos: Sammlung des Autors

der Luftbrücke zwischen Sizilien und Tunis in Nordafrika den Nachschubbedarf und Verbandsverlegungen flogen und auf den Rückflügen Verwundete transportierte, gab es auch in allen Wehrmachtsteilen Luftverbindungsgruppen. Deren Hauptaufgabe war die Koordinierung der Kurier- und Dienstflüge zwischen den einzelnen Frontabschnitten, Truppenteilen und höheren Stäben. Dementsprechend war ihre operative Sonderausstattung als „fliegender Befehlsstand" mit zusätzlicher Funktechnik und einem speziellen Kartentisch.

Auch die fliegenden Lazarette, die nach den Genfer Konventionen von 1929 mit einem Rot-Kreuz-Zeichen versehen waren, besaßen zusätzlich medizinische Geräte, die den Ärzten auch dringende operative Eingriffe der Verwundeten ermöglichten. Solche Ju-52-Maschinen im Rot-Kreuz-Auftrag hatten keine Bordbewaffnung und sollten nicht in Kampfhandlungen einbezogen werden. Doch trotz der sichtbaren Rot-Kreuz-Kennung an den Flugzeugen kam es vielfach zu deren Beschuss. An das humanistische Anliegen der Genfer Konvention hielt sich leider kaum eine Kriegsseite.

Ihre logistischen Grenzen, gesetzt von Kapazitäten und späterem Materialmangel, erlebten die Ju-52-Lufttransportverbände bereits einige Wochen nach Beginn des deutschen Überfalls auf die Sowjetunion am 22. Juni 1941. Von der Ostsee bis zu den Karpaten erstreckte sich eine Frontlänge von circa 5.000 km, für deren benötigter Nachschub an Munition, Treibstoff und Verpflegung bei Beginn der Kriegshandlungen nur rund 200 Transportflugzeuge zur Verfügung standen. Nun musste die Lufthansa alle verfügbaren Flugzeuge an die Luftwaffe abgeben. Die Ju-52-Lufttransportverbände im Mittelmeerraum und in West- und Nordeuropa wurden wesentlich reduziert.

Im Januar 1942 kesselte erstmals die Rote Armee im Raum Demjansk 95.000 Soldaten der deutschen Wehrmacht ein. Nahezu ohne Jagdschutz sicherten die Lufttransportverbände bis Ende April 1942 eine Luftbrücke zu den eingeschlossenen Einheiten bis die Verbindung der Heeresgruppen Nord und Mitte wieder hergestellt war.

Nach der Einkesselung der 6. Armee bei Stalingrad im November 1942 durch die sowjetischen Streitkräfte wurde vom Oberkommando der Wehrmacht der folgenschwere Befehl zum „Einigeln und Durchhalten" gegeben. Den Kessel über eine Luftbrücke zu versorgen, war ein Kraftakt und eine Militäroperation mit defensivem Charakter. Sie führte letztendlich ins Desaster. So flogen vom 24. November 1942 bis 31. Januar 1943 die Ju-52-Transportverbände in 72 Tagen über 100.000 Tonnen Ausrüstung, Hilfsgüter und Medikamente, Verpflegung und mehrere Millionen Liter Kraftstoff über große Wegstrecken in den Kessel. Ausgeflogen wurden circa 30.000 schwer verwundete Soldaten. Doch die Kapazitäten reichten nicht aus. Die militärische Überlegenheit des Gegners, der politische und moralische Druck beider Seiten auf die kämpfende Truppe, der ständige Beschuss der Landeplätze und der Flugzeuge in der

Absprung eines Fallschirmjägers mit Hilfe einer Reißleine, 1940. Foto: Sammlung des Autors

Zielsicher bringen die Ju-52-Truppentransporter die Fallschirmjäger in ihr Einsatzgebiet, Kreta im Mai 1941. Foto: Sammlung des Autors

Flugpersonal und medizinische Einsatzkräfte einer Ju 52-Lazarettstaffel bei der Transportvorbereitung.
Foto: Sammlung des Autors

Luft, auch die jahreszeitbedingten extremen Kälteeinbrüche verlangten von Mensch und Technik das Letzte ab, brachte für viele Soldaten den Tod.

Für die von den Fliegerverbänden der Deutschen Luftwaffe, Transportgeschwader, geretteten Soldaten wurde die Ju 52 mit ihrem Vertrauen erweckenden Motorengeräusch ein Hoffnungsschimmer, dem drohenden Inferno des Todes zu entkommen. Nicht nur durch diese Verwundeten-Transporte, auch bei der Evakuierung und den Rettungsflügen für die Ostpreußenflüchtlinge und der Versorgung der eingeschlossenen Menschen in den zur Festung erklärten deutschen Städten an der Ostfront erhielt sie ehrende Namen wie: Ei-

links: Die Ju 52/3m als fliegendes Lazarett im Einsatz, Balkan 1941.
Foto: Meyer, Bundesarchiv

rechts: Ju-52-Transporter mit einem Fenster-MG-Stand, Nordafrika 1942.
Foto: Erwin Seeger, Bundesarchiv

Im administrativen Einsatz der fliegenden Verbände

Eine Ju-52/3mg5e-Transportmaschine mit der sogenannten Condor-MG-Haube vor der Halle 1 im JFM-Montagewerk Bernburg, Sommer 1939. Foto: Sammlung des Autors

serne Anni, Engel der Landser und Tante Ju. Bis heute hat sich für die Ju 52 der Name Tante Ju erhalten. Viele erschütternde Berichte von Piloten, Geretteten und Angehörigen bei ihren Einsätzen sind überliefert. Und auch die Alliierten zollten der Leistung dieses Flugzeuges und ihrer Piloten Respekt. Der Klang der heute noch fliegenden Oldtimer-Maschinen ruft die Flugzeugbegeisterten zu den Flugplatzfesten und viele haben Interesse, mehr über die bewegte Geschichte dieses Flugzeugtyps und seine zahlreichen Ausführungen zu erfahren.

Und so vermag die Ju 52 noch eines: nach fast siebzig Jahren die Erinnerung an die Geschehnisse im Zweiten Weltkrieg noch wach zu halten, dass sich Menschen der vielen Kriegsopfer und Toten auf beiden Seiten erinnern, gegen Kriege protestieren und naturwissenschaftliche Erkenntnisse, Patente und Technologien ausschließlich im humanen Sinne nutzen wollen.

Ju-52-Fensterlafette mit MG 15, Trommelmagazin mit Patronensack. Im Hintergrund der Waffenständer, 1940. Foto: Sammlung des Autors

Ju-52-Seenotflugzeuge über der Nordsee, Norwegen 1940. Foto: Sammlung des Autors

Forschung im Versuchsflug

Als fliegender Prüfstand

Bis zur Einführung der modernen Computertechnik in der simultanen Forschung musste man sich konventioneller Methoden bedienen. Aerodynamische und leistungstechnische Forschungsmethoden bei Neu- bzw. Weiterentwicklungen in der Luftfahrt waren jahrzehntelang:
a) der Windkanal und
b) die praktische Nutzung von Flugzeugen als Erprobungsträger.

Die letztere Forschungsart geht in ihrer konkreten praxisbezogenen Form auf Ideen von Professor Hugo Junkers zurück. Bereits in den frühen 1920er-Jahren nutzte Junkers im Dessauer Flugzeugwerk verschiedene dreimotorige Maschinen wie die G 24, um aerodynamisch bedingte Anbauten bzw. Verkleidungen, Fahrgestelle, Leitwerke, Luftschrauben, neue Motoren, aber auch Armaturen und Funkausrüstungen im praktischen Versuchsflug zu testen.

Mit der Einführung der Junkers Ju 52 im Luftverkehr bot sich ein neuer Flugzeugtyp für diese Versuche an, der insbesondere durch seine aerodynamisch ausgeglichenen Flugeigenschaften verbunden mit seinen qualitativen und konstruktiv-technischen Parametern für Experimente dieser Art besonders prädestiniert erschien. So entstand ab 1933 eine Sonderform, die Ju 52 als Erprobungsträger.

Genaugenommen handelte es sich um einen fliegenden Prüfstand, ausgestattet mit einem technischen und physikalischen Labor. Aufgabe und Zielstellung dieses speziellen Flugzeugeinsatzes bestanden in der:

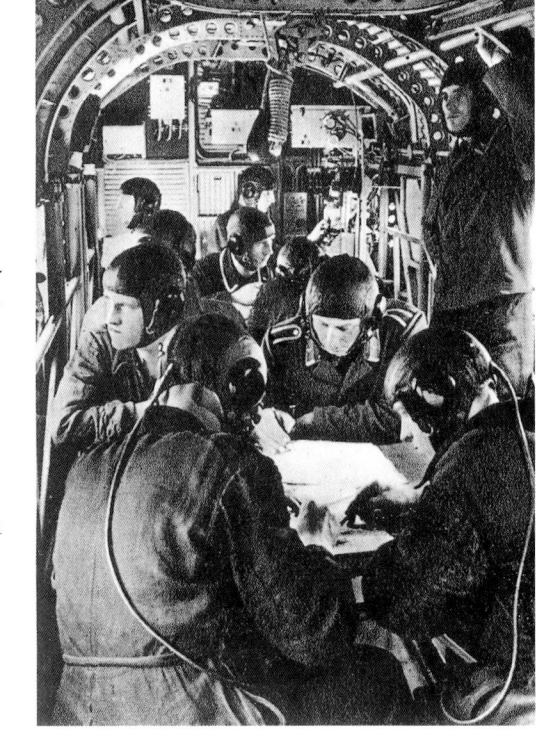

Das Hörsaal-Flugzeug diente vorrangig zur fliegertechnischen Ausbildung des Nachrichtenpersonals.
Foto: Sammlung des Autors

Als fliegender Prüfstand

- Durchführung aerodynamischer Versuche im praktischen Flugbetrieb;
- Untersuchung von Motorneuentwicklungen und deren Zusatzaggregaten;
- Erprobung von Luftschrauben im Flugbetrieb;
- Schulung von Piloten und flugtechnischem Personal;
- Aus- und Weiterbildung von Technikern und Funkern im Flugbetrieb.

Diese fliegenden Luftfahrtforschungsbüros stellen in der Entwicklungsgeschichte der Luftfahrt eine absolute Neuheit und Besonderheit dar. Es blieb dem Wissenschaftler Hugo Junkers vorbehalten, diese praxisbezogene Experimentier- und Forschungsform im Flugzeugbau einzuführen. Zugleich charakterisiert diese Art der Forschung die hohen Sicherheits- und Qualitätsanforderungen an die Technik im Interesse des Menschen.

Je nach Aufgabenstellung und Spezifizierung entstanden im Junkers Flugzeugbau und ab 1935 im Junkerskonzern JFM eine Reihe von fliegenden Prüfständen, die vorrangig im zivilen Luftverkehr, auch durch internationale Fluggesellschaften, jedoch insbesondere durch die verschiedenen Flugerprobungsstellen innerhalb Deutschlands zum Einsatz kamen.

Als Triebwerk-Erprobungsträger diente der Mittelmotor der Ju 52/3m. Im Messraum konnten die Techniker und Spezialisten die Versuchsmotore sprichwörtlich auf Herz und Nieren prüfen. Bei einem Drehzahlabfall, Nebengeräuschen, Motorvibration oder Motorausfall, stets sorgten die beiden Außenmotore für die Sicherheit des fliegenden Prüfstandes. Zusatzaggregate, neuentwickelte Kraftstoffgemische, Motorverkleidungen konnten problemlos im Flug getestet werden. Die neuent-

Die Ju 52 als Versuchsträger zum Studium der Tragflächen-Vereisung. Über dem Cockpit angebrachte Regendüsen blasen das fein zerstäubte Wasser gegen den dahinter angebrachten Hilfsflügel. Diese „künstlichen Witterungsverhältnisse" erlauben eine genaue Beobachtung des Eisansatzes. Foto: Sammlung des Autors

Einbau eines Junkers-Diesel-Flugmotors vom Typ Jumo 205 D in den fliegenden Ju-52-Prüfstand. Das Foto entstand im September 1938 auf der Flugerprobungsstelle Rechlin.
Foto: Sammlung des Autors

wickelten Enteisungsanlagen an Tragflächen, Leitwerk und Luftschraube entstanden wie der speziell für hohe Umdrehungen entwickelte Kühlblattpropeller ausschließlich dank der fliegenden Prüfstände.

Eine spezielle Form der fliegenden Prüfstände bildeten die sogenannten Hörsaalflugzeuge. Ihre Aufgabe bestand darin, Piloten und funktechnisches Personal anhand neuester Instrumentierung, Navigationstechnik und modernster Nachrichtentechnik praxisbezogen im Flug zu schulen. Der gesicherte Empfang von der Bodenstation, Gespräche von Flugzeugbesatzungen untereinander und störungsfreie Weitergabe von flugtechnischen Daten, Nachrichten, Weisungen und Wettermeldungen sowie der sogenannte Blindflug nach der Bordinstrumentierung waren und sind noch heute von außerordentlicher Bedeutung im Flugverkehr. Dinge, die heute am Computer und Flugsimulator geschult und geprobt wer-

Als fliegender Prüfstand

den, gehörten bis in die 1940er-Jahre zu den Aufgaben der Hörsaalflugzeuge.

Aufgrund ihrer guten Flugeigenschaften und ihres hohen Sicherheitsstandards eignete sich die Ju 52/3m auch als Erprobungsträger für Sonderausrüstungen. So wurden unter anderem in der Erprobungsstelle Rechlin Versuche über das Start- und Landeverhalten als Truppentransporter bzw. im Lastenflug unter erschwerten Bedingungen durchgeführt. Von den zahlreichen Erprobungen seien hier die navigationstechnischen Versuche der Luftfahrterprobungsstelle Diepensee bei Berlin-Schönefeld erwähnt. Dort testeten 1943 Funktechniker mit einer Ju-52-Maschine der Lufthansa die neueste Fernsteuerungstechnik. Mit dieser Methode sollten Piloten in die Lage versetzt werden, mittels einer Funkfernsteuerung mehrere Transportmaschinen auf einen Funkleitstrahl gleichzeitig zu fliegen und ggf. diese auch unbemannt starten und landen zu lassen.

Transport einer Aufklärereinheit zum operativen Einsatzgebiet. Foto: Sammlung des Autors

Eine eingebaute Druckluftenteisungsanlage im Quer-
ruder einer Ju 52/3m,
JFM Montagewerk Bernburg
1940. Foto: Sammlung des Autors

KB+H
6

Demonstration der Arbeitsweise der Druckluftenteisungsanlage mittels einer vibrierfähigen gummierten Vorderkante der Leitwerksflächen. Foto: Sammlung des Autors

Die Segmentierung der Tragflächen-Hinterteile an der Ju 52 ermöglichte nicht nur einen schnellen Wechsel der Baugruppen, sondern erleichterte auch den Einbau und die Wartung der Enteisungsanlagen. Foto: Sammlung des Autors

Als fliegender Prüfstand

DIE BESONDEREN MERKMALE DER JU 52/3 m
SPECIAL FEATURES OF THE JU 52/3 m

FLUGLEISTUNGEN:

Hohe Reisegeschwindigkeit, erreicht durch aerodynamisch günstige Ausbildung des Flugzeuges.

Niedrige Landegeschwindigkeit durch den Junkers-Hilfsflügel ermöglicht die Benutzung von Flugplätzen, die bisher infolge ihrer geringen Abmessungen oder der sie umgebenden Hindernisse für Flugzeuge dieser Größenordnung mit gleicher Flächenbelastung und sonst gleichguten aerodynamischen Eigenschaften nicht zugänglich waren.

PERFORMANCE:

High cruising speed obtained by improved aerodynamic design.

The considerably reduced landing speed achieved by the Junkers Auxiliary Wing enables the Ju 52/3 m to land on aerodromes of confined space or difficult approach that previously could not be used by aeroplanes of similar size.

Wide range with large pay load.

Das obenstehende Bild zeigt eine Landung mit und ohne Junkers-Hilfsflügel. Die Ju 52/3 m kann infolge ihrer Ausrüstung mit dem Ju-Hilfsflügel mit Sicherheit auf diesem Gebirgsflugplatz landen.

The accompanying picture shows the landing of an aeroplane without any special landing device as compared with the landing of an aeroplane fitted with the Junkers Auxiliary Wing. The Ju 52/3 m can easily land and take off on this relatively small aerodrome.

Der unmittelbar hinter der Tragfläche angeordnete Hilfsflügel, auch Doppelflügel bezeichnet, trug wesentlich zur Verbesserung der Flugeigenschaften der Ju 52 bei.
Graphik: Sammlung des Autors

Für Untersuchungen im wirtschaftlichen Langstreckenflug wird eine Ju 52 als fliegender Prüfstand mit einem Jumo-Schwerölmotor (Diesel) für einen Probeflug ausgerüstet.
Foto: Sammlung des Autors

Vom Wellblech zur Glattblech-Bauweise

Ju 52 – Folgemuster und Weiterentwicklungen

Im Herbst 1938 erteilte die Lufthansa den JFM den Auftrag, für den Mittelstreckenbereich ein Folgemuster für die dreimotorige Ju 52 zu entwickeln. Neben einer Vergrößerung der Passagierkapazität auf 30 Personen und einer angestrebten Reichweitenerhöhung auf 1.800 km bis 2.000 km sollte eine durchschnittliche Reisegeschwindigkeit zwischen 350 und 400 km/h erreicht werden. Der Chefkonstrukteur Ernst Zindel übertrug das Projekt Konrad Eichholtz, der bereits mit dem Entwicklungsflugzeug EF 77 ein ähnliches Vorhaben bearbeitet hatte. In veränderter Konstruktion und

Rumpfmontage der JFM Ju 252 V3. Die gerundete Fensterform resultiert aus dem Luftdruck in größeren Höhen, denn der Passagierraum war als Druckkabine ausgelegt. Foto: Lufthansa

Ju 52 – Folgemuster und Weiterentwicklungen

in Glattblech-Bauweise legte er eine dreimotorige Konstruktion vor, wobei bewährte Elemente der Ju-52-Variante beibehalten werden sollten. Im konstruktiven Aufbau der Flugzeugzelle orientierte sich das Konstruktionsteam dagegen an dem viermotorigen Langstreckenflugzeug vom Typ Ju 90, das ebenfalls unter der Leitung von Ernst Zindel stand.

Das projektierte Flugzeug war nun äußerlich nicht mehr der alten Ju 52 ähnlich. Und das lag nicht nur am einziehbaren Fahrwerk. In seiner aerodynamischen Formgebung setzte es Akzente, die neuartig und ungewohnt erschienen. Dabei hatte der Leiter des Windkanals, Philipp von Doepp, nur die im Junkerskonzern gesammelten Erkenntnisse auf dem

Ein Blick durch die Transportklappe, der sogenannten Trapoklappe, in den Laderaum zeigt die Dimension des Großraum-Flugzeuges JFM Ju 252. Foto: Lufthansa

Die Ju 252 war ursprünglich für den Passagierflugverkehr bei der Deutschen Lufthansa vorgesehen. Doch das Projekt musste verändert werden, da das Militär dringend Transportmaschinen benötigte. Foto: Lufthansa

Modell einer JFM Ju 252, wie sie für den zivilen Liniendienst der Lufthansa vorgesehen war. Foto: Lufthansa

Gebiet der Glattblechbauweise und der konstruktiven Druckkabinenforschung unter aerodynamischen Gesichtspunkten berücksichtigt. Doch diese Flugzeugentwicklung, die bei einem Typenvergleich dem Aussehen nach an amerikanische Maschinen erinnert, fanden Lufthansa und Reichsluftfahrtministerium zu konsequent. Daher erfolgte eine Überarbeitung der Konstruktionspläne, deren neu ernannter Projektleiter Heinrich Kraft, mit seinem Entwicklungsbüro zwischenzeitlich nach Prag umgezogen war. Im Juli 1939 lag das Muster der JFM Ju 252 vor.

UND WIEDER WIRD DARAUS EIN MILITÄRPROJEKT

Die Konstruktion lehnte sich an das seit 1936 im JFM entwickelte Prinzip eines sogenannten Baukasten-Flugzeuges an. Ausgehend von einer Standard-Grundzelle konnten je nach Bedarf und vorgesehener Nutzung durch verschiedene Rüstsätze ergänzt, der jeweils benötigte Flugzeugtyp entwickelt werden. So entstand ein freitragender Tiefdecker in Glattblech-Schalenbauweise mit den typischen Junkers-Spalt-Landeklappen, Spalt-Querrudern und einem Einziehfahrwerk. Das Konzept war rationell und logisch aufgebaut. Es bedeutete gegenüber dem potentiellen Flugzeugkunden, schnell und flexibel zu reagieren, dessen Sonderwünsche mit kurzen Lieferfristen zu erfüllen. So wollte man der Konkurrenz eine Nasenlänge voraus sein – und damit Marktanteile halten oder gar erobern. So konnte der JFM mit seinem Stamm bewährter Mitarbeiter unter der Leitung des Generaldirektors und Aufsichtsratsvorsitzenden Heinrich Koppenberg zielstrebig wirtschaftliche Erfolge sichern.

Doch das zivil angedachte Lufthansa-Projekt wurde zum Militärtransportprojekt umgewandelt. Rohstoffknappheit und Materialengpässe und immer wieder Änderungen im Konzept als Großraumtransporter verzögerten das JFM-Ju-252-Projekt bereits 1941 in seiner flugtechnischen Erprobungsphase. Mit der Weiterentwicklung zur JFM Ju 352, einer materialminimierten und konstruktiv-technologisch vereinfachten Variante der Ju 252, entstand in den Konstruktionsbüros ein absolut untypisches Junkersmodell in der sogenannten gemischten Bauweise. Das hieß, der Flugzeugrumpf bestand aus einer Stahlrohr-Holmenkonstruktion und die Tragflächen waren aus Holz gefertigt. Der Erstflug der JFM Ju 352 V1 erfolgte am 18. August 1943 unter der Leitung des Flugkapitäns Joachim Matthies und dem Flugingenieur Anton Endres. Als Neuerung der Ju 252 als auch der daraus entwickelten Ju 352 sind zu werten:

- der druckfeste Passagierraum für geplante Höhenflüge;
- die Verwendung einer Spezialverglasung, Druckdoppelfenster, daher die gerundete und gewölbte Fensterform;

Ju 52 – Folgemuster und Weiterentwicklungen

- die Einbringung einer Klimaanlage mit Höhendruckregelung;
- zusammenklappbare Leichtmetallsitze für 50 Personen in der Truppentransport- bzw. Fallschirmjäger-Variante;
- der Einbau einer druckdichten Zwischenwand zum Transportraum;
- die Verwendung der sogenannten Trapoklappe, einer hydraulisch absenkbaren Laderampe für schwere Lasten;
- eine Motorwinde zum Einziehen von schwerem Transportgut;
- Spezialhaltevorrichtungen und Streben zur Transportsicherung.

Die ersten in Dessau und in Rechlin getesteten Prototypen besaßen keinerlei Einbauten oder Vorrichtungen, die auf eine militärische Nutzung hingedeutet hätten. Erst die JFM Ju 252 V4 erhielt als Transportflugzeug eine defensive Bewaffnung. Von der JFM Ju 252 kamen im Zeitraum 1941-1943 insgesamt 15 Maschinen in die Erprobung bzw. zum Einsatz. ähnlich sah es bei der Weiterentwicklung zur JFM Ju 352 aus. Von diesem Flugzeugtyp wurden etwa 44 Maschinen im Werk Fritzlar gebaut. Einige Versuchsträger dieses Typs besitzen keine Werknummer, was auf eine umgebaute bzw. umgerüstete Ju 252 schließen lässt. Auch eine motorseitig verbesserte JFM Ju 352 B-1 ging 1944 nicht mehr in Serie. Der allgemeine Baustopp in der Flugzeugindustrie zugunsten des sogenannten Jägerprogramms brachte das Ende dieser Entwicklung. Ein ursprünglich für die zivile Luftfahrt angedachtes Vorhaben endete als Projekt und Bauausführung für den militärischen Einsatz.

Im äußeren Erscheinungsbild besaß die JFM Ju 352, hier die V10 auf dem Werksflugplatz in Bernburg kurz vor ihrer Überführung zur Flugerprobung nach Rechlin, keine Ähnlichkeit mehr mit der Ju 52. Der konstruktive Rumpfaufbau mit seiner neuartigen Gliederung, die „langnasige" Motorengestaltung, das einziehbare Fahrwerk, vor allem jedoch die Glattblechbauweise ließ keinerlei Parallelen zur Legendären Ju 52 aufkommen.

Foto: Archiv Arbeitskreis Junkerswerke und Fliegerhorst Bernburg

Junkers-Qualität hat Weltniveau

Ein Name für Sicherheit, Zuverlässigkeit und Komfort

„Röntgenbild" einer Junkers Ju 52/3m als Passagierversion Foto: Lufthansa

In einem achtseitigen Aufsatz unter dem Titel: „Betrachtungen über den Flugzeugbau", 1924 in der Zeitschrift des Vereins Deutscher Ingenieure veröffentlicht, umriss Otto Mader am Beispiel der Junkers F 13 die aerodynamischen und statischen Grundfragen des modernen Flugzeugbaus. In anschaulicher Weise charakterisierte er das Flugzeugbau-Programm von Hugo Junkers. Dazu analysierte Mader das Flugzeug als einen „Kompromiss", in dem mehrere physikalische Größen miteinander eine Symbiose bilden. Aerodynamik, Werkstoffkunde in der Statik der Konstrukti-

Ein Name für Sicherheit, Zuverlässigkeit und Komfort

Cockpit der Ju 52 „Berlin-Tempelhof", Traditionsmaschine der Deutschen Lufthansa Berlin-Stiftung. Die heutige Instrumentierung des Flugzeuges entspricht dem Lufttüchtigkeitszeugnis. Foto: Schulze-Alex, Lufthansa

on im Motoren- und Zellenbau sowie die technischen Geräte zur Navigation und Steuerung müssen ausschließlich darauf gerichtet sein, den Menschen während seines Fluges sicher und zuverlässig in seiner Sinneswahrnehmung und Reaktionsfähigkeit zu unterstützen. Aufgabe und Ziel des Flugzeugbaus bestand nach seiner Ansicht folglich darin, das Zusammenwirken dieser physikalischen Wissenschaftsbereiche ständig zu optimieren, um ihn dem jeweiligen Forschungsstand anzupassen.

Durch diesen Erkenntnisprozess sollten bei Junkers Flugzeuge entstehen, die nicht nur einen geringen Luftwiderstand mit einem optimalen Auftrieb aufwiesen. Sie sollten auch im funktionell-technischen, konstruktiven und technologisch-logistischen Sinne auf der Höhe ihrer Zeit stehen. Doch ist jede dieser Kenngrößen variabel und unterliegt somit Veränderungen. Dadurch eröffnen sich neue Wege und Richtungen in der Flugzeugforschung. Es macht diese sogar notwendig, denn bei jeder Neuentwicklung müssen die aktuellsten Forschungsergebnisse und -erkenntnisse aus all den erwähnten Wissenschaftsbereichen abgerufen und berücksichtigt werden. Dieser Prozess der Optimierung von Forschungsleistungen setzt eigene Ergebnisse auf den Gebieten der Grundlagenforschung voraus. Nur so ist ein Unternehmen befähigt und in der Lage, innovativ tätig zu sein, um dadurch einen Marktvorsprung zu erreichen. Das Ergebnis fällt umso größer aus, je konsequenter und zielgerichteter das Unternehmen diese Vorgaben beachtet.

Der Aufsatz von Mader verfolgte das Ziel, die Methodologie der Junkers-Forschung auf-

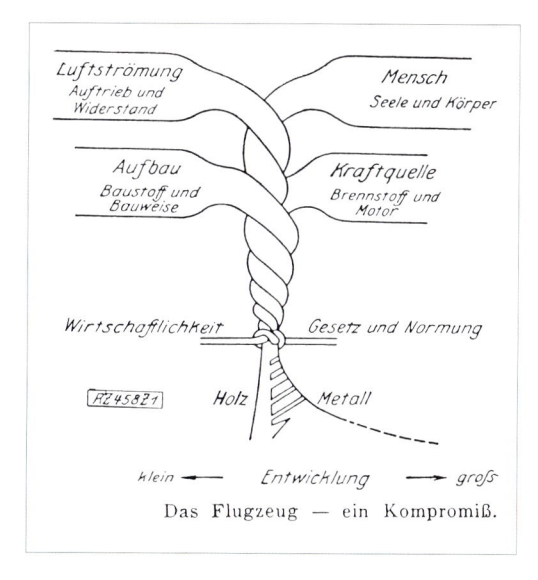

Im Gegensatz zur Ju 52 „Berlin-Tempelhof" war die D-ANOY „Rudolf von Thüna" von 1937, Werk-Nr. 5663, einfach eingerichtet. Doch im Maßstab ihrer Zeit besaß die Ju 52 bereits eine ausgezeichnete Instrumentierung. Fotos: Lufthansa

Das Problem des Flugzeugbaus bezeichnete Professor Hugo Junkers als einen Kompromiss, in dem physikalische und psychische sowie naturwissenschaftliche und wirtschaftliche Gesichtspunkte gleichermaßen wirken und einander wechselseitig beeinflussen. Dokument: Sammlung des Autors

Passagiere beim Verlassen einer Ju 52, Kennung D-APAJ „Erich Pust", Werk-Nr. 7029
Fotos: Lufthansa

zuzeigen. Gleichzeitig besteht dadurch die Möglichkeit, betriebliche Strukturen des Junkers-Konzerns in ihrer Entwicklung und ihrer wirtschaftlichen und logistischen Vernetzung untereinander besser zu erkennen bzw. konsequenter zu erfassen.

EIN FLUGZEUG ÜBERSTEHT ZUSAMMENSTÖßE UND ABSTÜRZE

Bei all seinen wissenschaftlich-technischen Forschungen verfolgte Hugo Junkers stets das Prinzip der Praxisbezogenheit: Jede Neuerung hat einem wirtschaftlichen Ziel zu dienen. Nichts war dem Zufall überlassen oder eine rein theoretische Frage. Eine Erfindung wurde nicht um ihrer selbst willen gemacht, sondern hatte die praktische Zielstellung, technische Probleme unter Beachtung wirtschaftlicher Gesichtspunkte in einzelne Schritte zu zerlegen und diese zu untersuchen. Erst nach Abschluss der Teiluntersuchung und Auswertung der Ergebnisse als eine Form der Primärforschung, folgte der nächste Schritt. Forschungsergebnisse wurden nur dort verallgemeinert und in dem Maße zusammengefasst, wo es für die praktische Lösung als notwendig erschien. Diese Grundlagenforschung ermöglichte Junkers z. B. die Flugzeugentwicklung nach den oben genannten Kriterien vorurteilsfrei zu untersuchen. Nur so ist innovative Forschung möglich.

Wie rfolg versprechend diese Form der Forschung am Beispiel der Junkers Ju 52/3m war, verdeutlicht folgende Übersicht: Bei der

Entwicklung und Konstruktion des Flugzeugtyps fanden 48 Patente Berücksichtigung. Bis auf ein Patent handelte es sich ausschließlich um Erfindungen von Hugo Junkers und von diesen waren 15 patentierte Entwicklungen speziell beim Bau der Ju 52 entstanden. Der Chefkonstrukteur Ernst Zindel erläuterte in einem Vortrag am 19. Juli 1938 in Berlin-Tempelhof: „Aufbauend auf die mehrjährigen, sehr zahlreichen und mannigfaltigen Erfahrungen, vor allem mit den Typen W 33 und G 24 im Passagier- und Frachtverkehr, im In- und Auslande, als Land- und Wasserflugzeug, gingen wir 1930 an die Konstruktion eines neuen, modernen dreimotorigen Großverkehrsflugzeuges, der in der ganzen Welt bekannten und geschätzten Ju 52 mit 15 bis 17 Fluggastsitzen und drei Mann Besatzung. Wir können heute ohne Überhebung feststellen, dass diese Maschine, welche in enger Zusammenarbeit mit der DLH entwickelt wurde und im Jahre 1932 zum verkehrsmäßigen Einsatz gelangte, hinsichtlich Leistungen, Flugeigenschaften, Bequemlichkeit, Sicherheit und Zuverlässigkeit wie auch in wirtschaftlicher Beziehung bezüglich Haltung und Wartung einen ganz entscheidenden Fortschritt darstellte.

Jedenfalls ist die Ju 52 noch heute neben den bekannten Douglas DC 2 und 3 das in der ganzen Welt am weitesten verbreitete und beliebteste Verkehrsflugzeug und (…) heute das in den weitaus größten Stückzahlen in der ganzen Welt mit bestem Erfolg eingesetzte mehrmotorige Großflugzeug."

Das sah man bereits im Juli 1932 beim ersten internationalen Auftritt der Ju 52 in der Schweiz. Der Flugwettbewerb begann und endete in Zürich mit einer festgelegten zu transportierenden Schwerlast. Während des Streckenfluges durch die Alpen flog die Ju der Konkurrenz einfach davon.

Auf dem Rückflug nach Dessau kam es am 26. Juli 1932 über dem Flugplatz Schleißheim bei München zu einem Flugzeugunfall. Ein Sportflugzeug stieß in etwa 300 Metern Höhe an der Backbordseite in den Rumpf der Ju 52. Dabei wurden ein Teil der Kabinenwand, die linke Fahrgestellhälfte und der Motor schwer beschädigt. Während die Sportmaschine, ein Schulflugzeug, am Boden zertrümmert wurde, konnte der Pilot die stark ramponierte Ju 52 sicher in einem Kornfeld notlanden. Dabei ging auch das andere Fahrwerk zu Bruch. Dank der soliden Konstruktion und sicheren typischen Junkers-Tiefdecker-Bauweise kamen die Insassen der Ju 52 nicht zu Schaden. Eine Untersuchung ergab, dass die gleiche Tragwerkbeschädigung an einem anderen Flugzeugtyp zum Absturz geführt hätte. Nach einer sechswöchigen Instandsetzung flog die D-2202 wieder.

Auch während eines Linienfluges nach Hamburg stieß die D-ANAZ mit einem Schulflugzeug zusammen. Dabei wurde ein Viertel einer Tragfläche der Ju 52/3m abgerissen. Trotzdem landete die Maschine planmäßig ohne Komplikationen in Hamburg. Besatzung und Passagiere kamen mit dem Schrecken davon.

Auch in anderen Fluggesellschaften gab es Zwischenfälle. Beim Landeanflug im Hafen von Bahia, Brasilien, rammte der Schwimmer einer Ju 52 eine Mole. Der rechte Schwimmer und der Ölkühler des Seitenmotors gingen dabei zu Bruch. Ohne weiteren Schaden für die Passagiere wasserte die Besatzung die Maschine sicher im Hafen.

Eine Luft Hansa-Ju 52 zeigt Flagge. Foto: Lufthansa

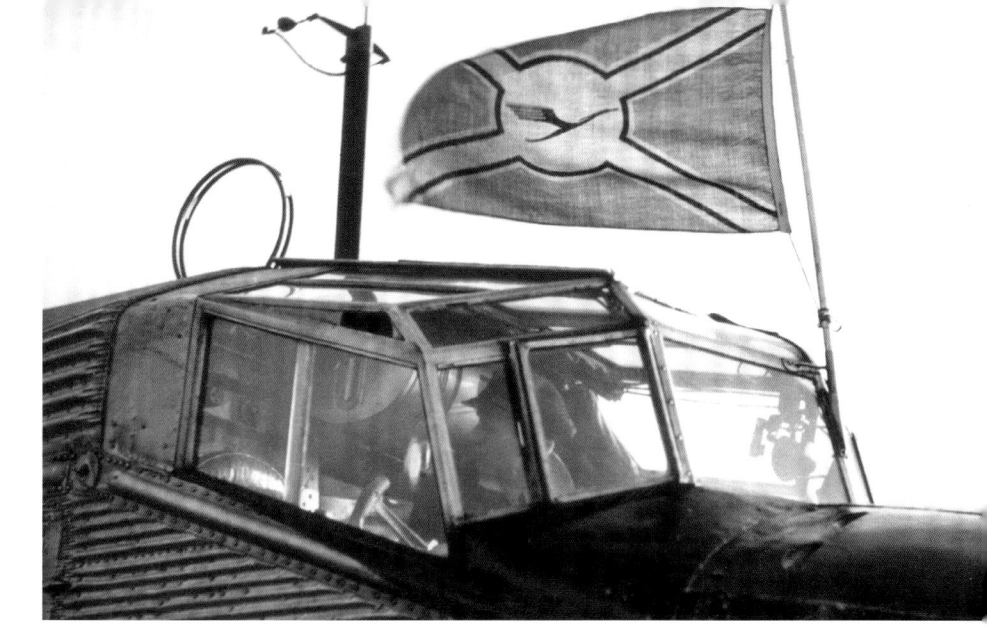

Teilgebiet	Anzahl/Neuerungen für die Ju 52
konstr. Änderungen im Flugzeugbau	10 Patente / 2 Patente
Motor-/Antriebstechnik	13 Patente / 6 Patente
Steuerungs- und Hilfsmechanik	9 Patente / 5 Patente
Fertigungsmittel/Vorrichtungsbau	16 Patente / 2 Patente

Auch für die jüngsten Fluggäste gab es besondere Sitzmöglichkeiten. Foto: Lufthansa

Unfälle, bei denen der Pilot noch manövrieren konnte, sodass die Personen unverletzt blieben, sprachen für Konstrukteur, Hersteller und Pilot. Sie förderten sogar das Vertrauen der Passagiere in die Sicherheit und Zuverlässigkeit der Junkers Ju 52.

Höchste Sicherheitsstandards und Servicefreundlichkeit, darauf richtete die Lufthansa vordringlich ihre Aufmerksamkeit. In Berlin-Staaken befand sich die größte Flugwerft der Flotte, aber auch in den anderen Flughäfen der Großstädte standen Hallen zur Durchsicht und Wartung zur Verfügung.

Nach 300 Betriebsstunden waren die ersten beiden Kontrollen bei einer Junkers Ju 52/3m fällig. Zwei weitere Inspektionen erfolgten nach jeweils 280 Betriebsstunden. Danach gab es einen Turnus von jeweils 260 Stunden, bis nach 1.500 Stunden eine Grundüberholung fällig war. Im Vergleich dazu mussten Flugzeugtypen anderer Hersteller bereits alle 200 Stunden zur Kontrolle und nach 800 Betriebsstunden in die Überholung.

Diese geringen Wartungsansprüche einer Ju 52 machten sich natürlich auch in den Betriebskosten bemerkbar, die folglich niedrig ausfielen. Ein Faktor, der wiederum für die gute Rentabilität dieses Flugzeugs sprach. Durch den gestiegenen Einsatz von Ju-52-Maschinen veränderte sich das Kosten-Nutzen-Verhältnis positiv, was sich wiederum in der Wirtschaftlichkeit einer Fluggesellschaft niederschlug.

Bereits im März 1932 entstand im Dessauer Flugzeugwerk die Salonausführung einer Ju 52. Der rumänische Prinz Bibesco hatte als Präsident der Fédération Aéronautique Internationale (FAI) ein Reiseflugzeug der Luxusklasse bestellt, das ihm im April 1932 zu seiner vollsten Zufriedenheit übergeben wurde. Foto: Lufthansa

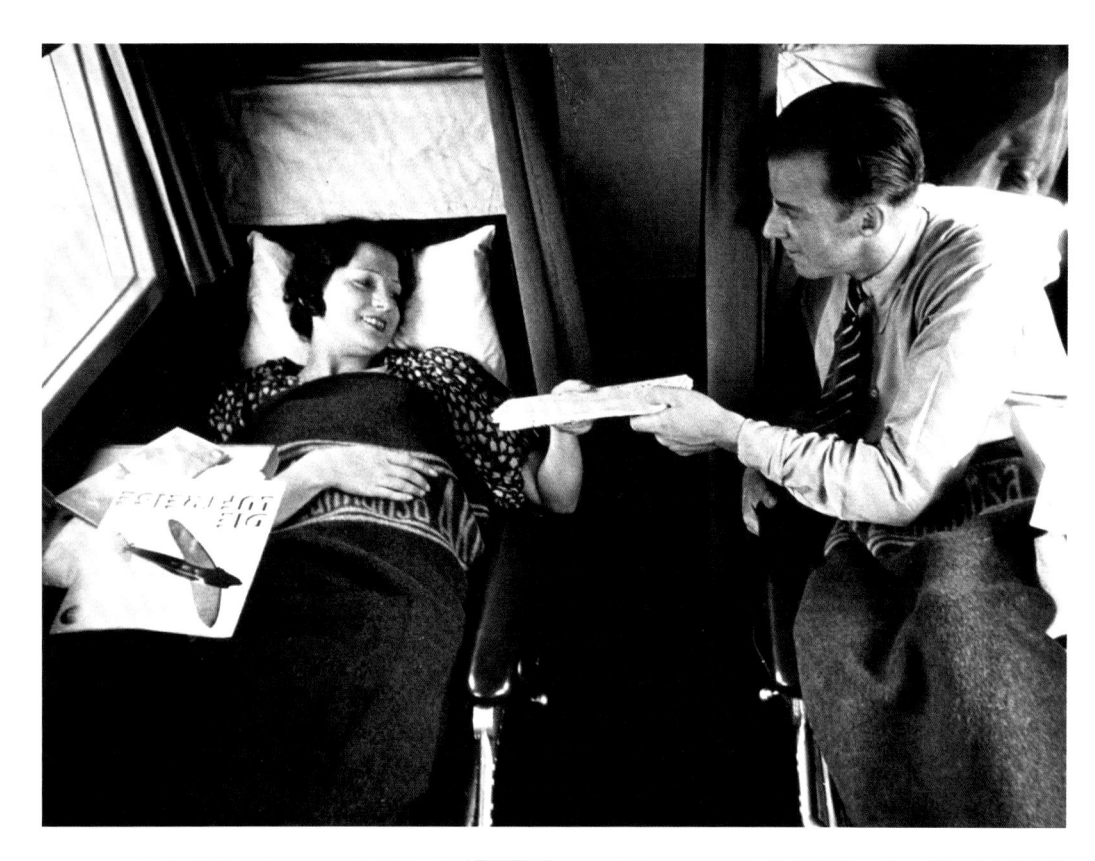

Ein Name für Sicherheit, Zuverlässigkeit und Komfort

Bei Fern- oder Nachtflügen setzte die Lufthansa auch Ju 52 mit Liegesesseln bzw. Schlafabteilen ein. Foto: Lufthansa

Neben einer temperierten Be- und Entlüftungsanlage im Flugzeug konnte der Fluggast gegebenenfalls auch noch Frischluft zu sich nehmen. Foto: Lufthansa

Alle Abbildungen dieser Seite: Über das Verhalten während eines Fluges veröffentlichte die Deutsche Luft Hansa im Frühjahr 1937 ein kleine mehrsprachige Broschüre, die der Graphiker Siegwardt in sehr anschaulicher Weise illustrierte.

Fotos: Sammlung des Autors

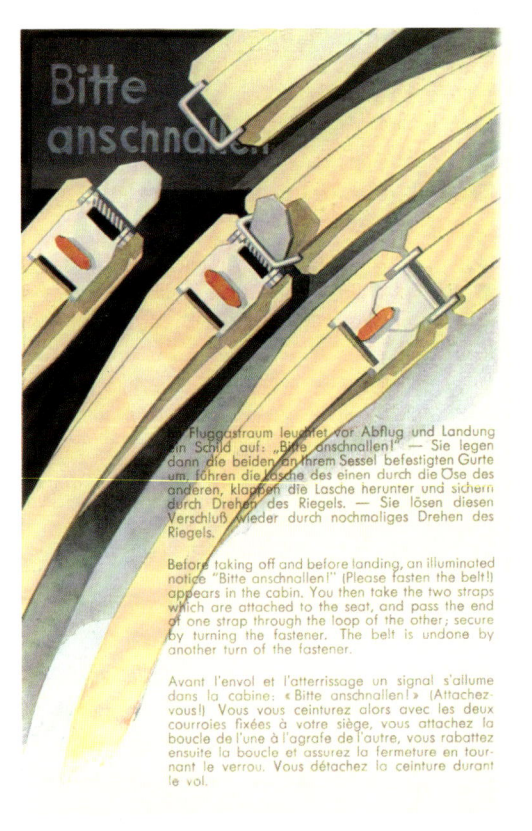

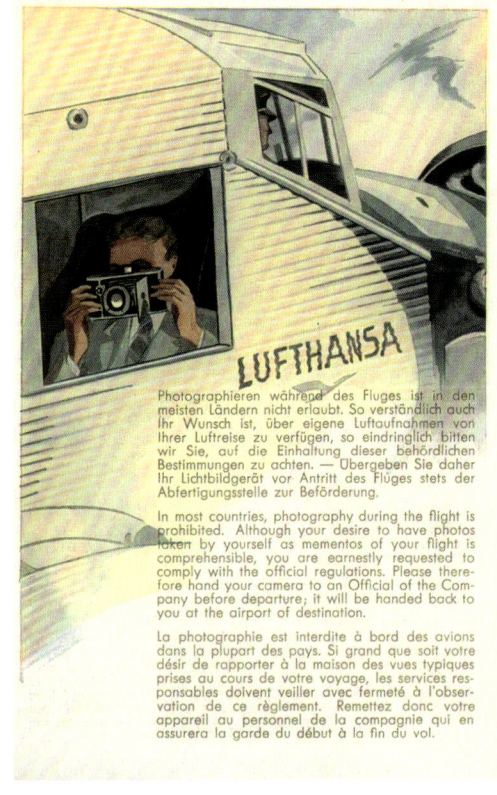

Fluggastraum leuchtet vor Abflug und Landung ein Schild auf: „Bitte anschnallen!" — Sie legen dann die beiden an Ihrem Sessel befestigten Gurte um, führen die Lasche des einen durch die Öse des anderen, klappen die Lasche herunter und sichern durch Drehen des Riegels. — Sie lösen diesen Verschluß wieder durch nochmaliges Drehen des Riegels.

Before taking off and before landing, an illuminated notice "Bitte anschnallen!" (Please fasten the belt!) appears in the cabin. You then take the two straps which are attached to the seat, and pass the end of one strap through the loop of the other; secure by turning the fastener. The belt is undone by another turn of the fastener.

Avant l'envol et l'atterrissage un signal s'allume dans la cabine: « Bitte anschnallen! » (Attachez-vous!) Vous vous ceinturez alors avec les deux courroies fixées à votre siège, vous attachez la boucle de l'une à l'agrafe de l'autre, vous rabattez ensuite la boucle et assurez la fermeture en tournant le verrou. Vous détachez la ceinture durant le vol.

Jedes Flugzeug führt eine Flugstreckenmappe mit, die an sichtbarer Stelle in einem Mappenhalter steckt. An Hand der darin enthaltenen Karten können Sie den Verlauf des Reiseweges genau verfolgen, da trotz der hohen Geschwindigkeit alle Einzelheiten der überflogenen Landschaft von oben zu erkennen sind. — In Verbindung mit den Standortmeldungen des Funkers können Sie deshalb jederzeit feststellen, über welchem Gebiet Sie sich augenblicklich befinden.

In every cabin you will find on a shelf a large map on which your airway is exactly indicated. In spite of the high speed you can clearly see from the plane all the details of the places and scenes flown over. In connection with the indications of the wireless operator you can therefore always ascertain which territory you are just flying over.

Vous trouvez dans chaque avion une carte d'itinéraire qui se trouve dans le porte-cartes placé en un endroit bien visible. Sur cette carte vous pouvez suivre exactement la route parce que, malgré la grande vitesse, tous les détails du paysage survolé sont reconnaissables. Par cette carte et par les communications du radio-télégraphiste sur la position de l'appareil vous pouvez toujours constater où vous vous trouvez à l'instant.

Wollen Sie zusätzlich Frischluft haben, so benutzen Sie einen der Zuführungsschläuche, die neben den Sesseln an der Wand befestigt sind. Durch Hochhalten des Schlauches setzt die Frischluftzufuhr automatisch ein. — An Stelle der Luftschläuche sind in einigen Flugzeugen Luftdüsen vorhanden, bei denen die Zufuhr von Frischluft durch Drehen des geriffelten Knopfes erfolgt.

If you desire additional fresh air, make use of the fresh air tubes which are fastened to the walls near the seats. As you lift these tubes, fresh air comes in automatically. Instead of tubes, some planes are fitted with air nozzles which are operated by turning a milled knob.

Voulez-vous un volume d'air frais plus considérable? Prenez un des tuyaux flexibles fixés à la cloison, à côté des sièges, et relevez-en l'extrémité: l'air frais arrive alors automatiquement. Au lieu de ces tuyaux d'aération, quelques avions sont munis d'ajutages qu'on ouvre et ferme à l'aide d'un bouton moleté.

Photographieren während des Fluges ist in den meisten Ländern nicht erlaubt. So verständlich auch Ihr Wunsch ist, über eigene Luftaufnahmen von Ihrer Luftreise zu verfügen, so eindringlich bitten wir Sie, auf die Einhaltung dieser behördlichen Bestimmungen zu achten. — Übergeben Sie daher Ihr Lichtbildgerät vor Antritt des Fluges stets der Abfertigungsstelle zur Beförderung.

In most countries, photography during the flight is prohibited. Although your desire to have photos taken by yourself as mementos of your flight is comprehensible, you are earnestly requested to comply with the official regulations. Please therefore hand your camera to an Official of the Company before departure; it will be handed back to you at the airport of destination.

La photographie est interdite à bord des avions dans la plupart des pays. Si grand que soit votre désir de rapporter à la maison des vues typiques prises au cours de votre voyage, les services responsables doivent veiller avec fermeté à l'observation de ce règlement. Remettez donc votre appareil au personnel de la compagnie qui en assurera la garde du début à la fin du vol.

Ein Name für Sicherheit, Zuverlässigkeit und Komfort

Entwurf einer Ju-52-Passagierkabine für den Liniendienst der Lufthansa
Zeichnung: Max Lösel/Dessau

Bei den Sonder- und Salonausführungen der Ju 52 befanden sich unmittelbar am Eingang des Fluggastraumes auch eine Garderobe sowie ein Geschirrschrank mit einer Miniküche. Zeichnung: Max Lösel/Dessau

Mit dem Slogan: „In einer Junkers Ju 52 sitzt jeder Fluggast in der 1. Klasse!", wies die Luft Hansa bei der Indienststellung der ersten Passagierflugzeuge ab 1932/33 auf die qualitativen Besonderheiten dieser Maschine hin. Der Sitz- und Platzkomfort war für die damalige Zeit angemessen und großzügig. Die Rücken- und Armlehnen der Sessel konnten in mehreren Stufen verstellt werden (vergleiche S. 55). Jeder Fluggast besaß eine separate Frischluftzufuhr und hatte einen freien Blick aus den Bordfenstern. Bei Langzeitflügen bestand die Möglichkeit, die Sessel auch in Schlafliegen umzubauen.

Ein Vergleich der Raumausstattungen im Zeitraum von 1932 bis 1940 ergab, dass die Sitze in ihrer konstruktiven Formgebung mehrfach variiert wurden. Auch erfolgten verschiedene Polsterungen und ergonomisch körpergerechte Veränderungen an den Arm- und Rückenlehnen. Daraus ist zu erkennen, dass der individuelle Komfort und die Sicherheit des Fluggastes oberste Priorität besaßen.

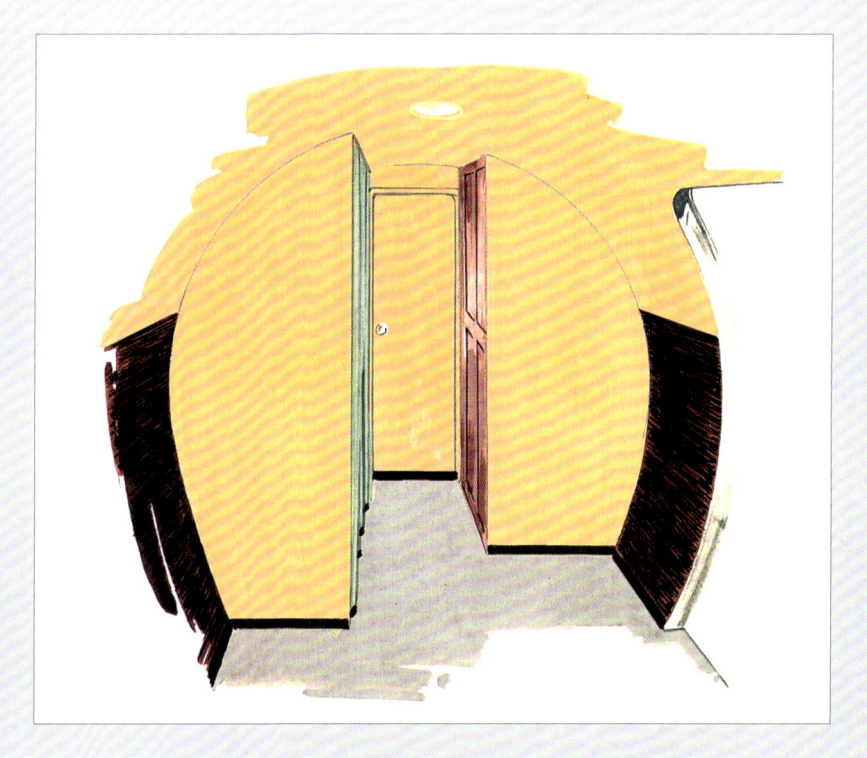

Ein Blick in den Passagierraum einer Lufthansa-Maschine im Jahr 1935 verrät den Komfort, den die Lufthansa ihren Fluggästen anbot. Foto: Sammlung des Autors

Ein Name für Sicherheit, Zuverlässigkeit und Komfort

Der Zusammenstoß einer Ju 52/3m, der D-2201 mit einem Sportflugzeug am 26. Juli 1932 über dem Flugplatz Schleißheim bei München. Trotz schwerer Beschädigungen landete die Maschine ohne Personenschaden.
Foto: Sammlung des Autors

Durch eine gezielte Reklame wurde auf die Sicherheit der Junkers-Bauweise hingewiesen. So konnte auch die Flugangst mancher Passagiere reduziert werden.
Fotos: Sammlung des Autors

Wegen Triebwerkschaden musste diese Ju 52 notlanden, Passagiere kamen nicht zu Schaden. Foto: Sammlung des Autors

Dank einer soliden Bauweise ist ein Motorenwechsel bei Wartungsarbeiten schnell erledigt. Foto: Lufthansa

Ein Name für Sicherheit, Zuverlässigkeit und Komfort

Vorwärmen der Motore mittels eines elektrischen Heizluftgebläses im Winterluftverkehr, 1932 Fotos: Lufthansa

Wartung und Instandhaltung

Betriebswirtschaftliche Fragen wie Unterhaltungskosten, Betriebssicherheit und Lebensdauer eines Flugzeuges standen bei der Entwicklung und Projektierung der Junkers Ju 52 im Vordergrund der Überlegungen. Auch das Verhältnis von Nutzlast zum Eigengewicht der Maschine ist von ausschlaggebender Bedeutung. Faktoren, die auf die Wartung und Instandhaltung eines Flugzeuges einen entscheidenden Einfluss nehmen.

Daher gab es seitens des Herstellers, dem Junkers Flugzeugbau, detaillierte Baubeschreibungen, in denen die Reparatur- und Instandsetzungsarbeiten eines jeden Flugzeugtyps exakt und übersichtlich beschrieben wurden. Diese sogenannten Betriebshandbücher sind heute bei Flugzeugliebhabern gesuchte Sammelobjekte. Siehe dazu auch die Dokumentation ab Seite 117. Standards und eine von der Logistik heute noch beeindruckende konstruktiv-technologische übersichtliche Gestaltung ermöglichte innerhalb kurzer Zeiträume eine schnelle Wartung und Instandhaltung. Dadurch konnten mit relativ wenig Arbeitskräften einzelne Baugruppen und Segmente, aber auch ganze Motore schnell ausgewechselt werden.

Das Betanken einer Junkers Ju 52/3m gehörte zu den routinemäßigen Arbeiten des Bodenpersonals und ging stets schnell und problemlos vonstatten. Fotos: Lufthansa

Der große Trichter garantiert Sauberkeit und Sicherheit beim Betanken eines Flugzeuges. Fotos: Lufthansa

EIN VOGEL MIT AUSDAUER

Verständlich, dass die Junkers Ju 52/3m zum meistgeflogenen Verkehrsflugzeug ihrer Zeit zählte. In der Deutschen Lufthansa war 1937 jede Ju 52 mehr als 1.200 Stunden in der Luft, einige Maschinen brachten es sogar auf 1.500 Flugstunden. Von den 17,7 Millionen Flugkilometern des Jahres 1938 entfielen allein etwa 13,5 Millionen Kilometer auf die Ju 52, das entsprach 75 Prozent der Jahresflugleistung der Lufthansa. In den Jahresbilanzen der anderen europäischen und südamerikanischen Fluggesellschaften sah der Anteil ähnlich aus. Berücksichtigt man noch die anderen Junkers-Flugzeugtypen wie die F 13, G 23/24, G 31, W33/34 oder Ju 46, die sich im europäischen und internationalen Luftverkehr der 1920/30er-Jahre ebenfalls hervorragend bewährten, so entsteht eine Erfolgsbilanz, die eng mit dem Namen von Professor Hugo Junkers verbunden ist. Dabei sind mehrere technische und wissenschaftliche Gesichtspunkte zu erkennen, die dazu angetan sind, Junkers' Lebenswerk in der Geschichte der Luftfahrt besonders hervorzuheben.

1. Gemeinsam mit seinem Hochschulkollegen Hans Jakob Reissner legte Hugo Junkers als bahnbrechender Erfinder, Hochschullehrer, Konstrukteur und Wissenschaftler auf den Gebieten der Thermo- und Aerodynamik den geistigen Grundstein für das erste Aerodynamische Institut in Deutschland. Mit ihrem gemeinsamen Memorandum zur Schaffung dieser Forschungseinrichtung an der Technischen Hochschule in Aachen, datiert vom 10. Juli 1911, sind sie geistige Urheber und Schöpfer. Der erste Inhaber dieses Lehrstuhles war Theodore von Kármán.
2. Die Praxisbezogenheit von wissenschaftlichem Denken und Handeln, die Durchsetzung wissenschaftlich-technischer Erkenntnisse in der industriellen Großproduktion, namentlich bei der Rationalisierung und Verwissenschaftlichung technischer und logistischer Abläufe und Vorgänge sind eng mit dem Namen Hugo Junkers verbunden.
3. Mit seinen aerodynamischen Untersuchungen, die er stets bis zu einem fertigen Patent führte und praxisbezogen umsetzte, legte er in entscheidender Weise die Grundlagen für den Verkehrs-Flugzeugbau in Ganzmetallbauweise.
4. Diese Bauweise bot technisch und ökonomisch die einzige Alternative einer perspektivischen Weiterentwicklung im Flugzeugbau.
5. Seine Flugzeuge boten größtmögliche Sicherheit, hielten aufgrund der hohen Festigkeit des Metalls hohen Belastungen stand, boten einen hohen Schutz bei Bruchlandungen und waren feuerfest.
6. Flugsicherheit durch Einsatz neuester Technik auf dem Gebiet der Navigation, kontinuierliche Verbesserung der Motorentechnik: Hierzu gibt es wegweisende Junkers-Patente.
7. Junkers-Flugzeuge erwiesen sich als wetterbeständig, sie flogen unabhängig von der Jahreszeit zu jeder Tag- und Nachtzeit. Eine bequeme Unterbringung der Fluggäste gehörte zum Standard der Junkers-Flugzeuge.
8. Hugo Junkers war maßgeblich bei der Schaffung von Fluggesellschaften im In- und Ausland beteiligt. Das ermöglichte ihm nicht nur den Absatz seiner Erzeugnisse, sondern machte ihn vordringlich zu einem Wegbereiter bei der Erschließung neuer Verkehrswege, den Luftstraßen.
9. Durch die Erschließung neuer Verkehrswege sollte nicht nur der wirtschaftliche, sondern auch der wissenschaftliche und kulturelle Austausch der Länder untereinander gefördert werden.
10. Junkers sah im Flugzeug das künftige Verkehrsmittel, dessen Wirtschaftlichkeit und Rentabilität erfolgreich mit anderen Verkehrsträgern konkurrieren wird.

Der Panoramablick eines Ju-52-Piloten gewährt eine nahezu allseitige Sicht.
Foto: Lufthansa

Modisch reisen

Fliegen ist die Form des modernen Reisens. Komfortabel, sicher und schnell waren die Prämissen dieser Reisezeit. Zum modernen Reisen gehörte auch eine entsprechende modische Kleidung, die den Aspekt des sportlich dynamischen Typs zum Ausdruck brachte. Während in der Pionierzeit der Verkehrsfliegerei die Fluggäste auf das Tragen von warmer Bekleidung hingewiesen wurden, ermöglichten die klimatisierten und warmen Flugkabinen nun das Tragen von chicen Kombinationen, eleganten Anzügen, feinen Blazern mit modischen Accessoires.

So entwickelte sich ein extra Zweig in der Modebranche, der des Luftreisebedarfes für Piloten und Fluggäste, der das Ambiente modisch umsetzte.

Mit solchen Reklamefotos stellte die Luft Hansa das Fliegen als Teil eines zeitgemäßen Alltags dar.

Fotos: Sammlung des Autors

Eine Legende als Image-Träger

Ju 52 – Markenzeichen einer Generation

Zum Zeitpunkt ihrer Entwicklung war die Junkers Ju 52/3m ein technisches Highlight. In einem aerodynamisch gestalteten Design präsentierte sich ein technisches Produkt, das den Zeitgeist und den Leistungswillen einer ganzen Generation repräsentierte. Begriffe wie Innovation, technischer Fortschritt, naturwissenschaftliche Erkenntnisse und der Glaube an die scheinbar grenzenlosen Entwicklungsmöglichkeiten der Technik galten als Inbegriff eines modernen zeitgemäßen Lebens. Dazu gehörte auch die Schnelligkeit als ein Attribut der Technik in ihrer gesteigerten Form: Eisenbahn – Automobil – Flugzeug. Es galt

Begeisterte Jugend bei den Kinder-Rundflügen der Lufthansa, wie hier in Berlin-Tempelhof, 1936. Foto: Lufthansa

In den 1930er-Jahren ein alltäglicher Luftfrachtbrief mit dem Bild einer Ju, heute eine begehrte Sammlerrarität. Foto: Sammlung des Autors

Die Junkers-Stadt Dessau zeigte in ihrer Reklame wiederholt Ju-52-Motive. Foto: Sammlung des Autors

Auch auf Speisekarten und Kellnerblocks war die Ju 52 zu finden, Graphik: H. Leu. Foto: Sammlung des Autors

Ju 52 – Markenzeichen einer Generation

als ein wesentlicher Zug der Technik, die Beweglichkeit zu steigern. Mit einem Verkehrsmittel kann man schnell räumliche Distanzen überwinden, sodass zugleich die Zeit scheinbar aufgehoben wird. Jedes Verkehrsmittel ist auch stets das Sinnbild eines Zeitalters, da es eine bestimmte Epoche unserer kulturellen und technischen Entwicklung charakterisiert. Unter diesem Gesichtspunkt sah man auch das Flugzeug. Ja, noch mehr. Im Zeitgeist der Pionierjahre der Luftfahrt verbildlichte das Flugzeug einen technischen Mikrokosmos, der ausschließlich dem Willen des Menschen gehorcht. Wie kein anderer Schriftsteller hat der Pilot Antoine de Saint-Exupéry in seinen Büchern dieses Gefühl beschrieben.

FLIEGEN – DIE NEUE ERFAHRUNG

Innerhalb weniger Jahre hatte sich das Flugzeug zu einem wichtigen länderübergreifenden Verkehrsmittel entwickelt. Die Fluggesellschaften verstanden sich in erster Linie als Dienstleistungsunternehmen, die den Passagierflug und den Warentransport organisierten und durchführten. Aus anfänglichen abgesteckten Wiesenflächen als Start- und Landebahn und aus Holzbaracken als Flug-Terminals entstanden an den Randlagen der Großstädte schnell moderne Flughäfen mit einem entsprechenden Service. Das begann mit einem dem Verkehrsmittel Flugzeug angemessenen Zubringerdienst von Bus, Bahn und Taxen. Vom Flugplatz aus waren die Stadt und das Umland schnell zu erreichen. Manche Fluggesellschaf-

Fliegen ist wahrscheinlich eine der großen Leidenschaften prominenter Personen. Daher sind oft berühmte Gäste in einem berühmten Flugzeug zu sehen. So repräsentiert die Tänzerin, Schauspielerin und Filmregisseurin Leni Riefenstahl Zeitgeschichte und ist ein Teil derselben. 1936, im Jahre der XI. Olympischen Spiele in Berlin, flog sie mit einer Ju 52. Das dabei entstandene Foto zierte zahlreiche Zeitungen und Illustrierten.
Foto: Lufthansa

Rheinlandschaft mit der Ju 52 „Boelcke", Werk-Nr. 4013, eine historische Fotomontage von 1933 Foto: Lufthansa

ten, wie die Lufthansa, richteten für ihre Passagiere einen kostenlosen Zubringerdienst ein. Andere Dienstleister zogen nach. Übernachtungsräume, wenn kein Hotel in der Nähe vorhanden war, Restaurant, Kiosk, Reisebüro, Postamt, Buchhandlung, Souvenirgeschäft, Friseur und Polizeistation, die Auswahl war vielfältig. Natürlich besaß Berlin-Tempelhof den größten und modernsten Flughafen auf dem Kontinent. Aber auch andere Städte wie Königsberg, Halle/Leipzig, München, Hamburg, Köln, Dresden, Stuttgart oder die beiden Rhein/Ruhr-Flughäfen Düsseldorf und Essen konnten auf attraktive Anlagen verweisen. Auf den Flughäfen im internationalen Luftverkehr bot sich ein ähnliches Bild. Jedes Land und jede Stadt präsentierte sich auf regionalspezifische Art und Weise. So besaß jeder Flughafen seinen eigenen unverwechselbaren Charme.

DAS BELIEBTESTE FLUGZEUG

In den Dreißigerjahren war die Junkers Ju 52 eines der meistgeflogenen Flugzeuge. Nicht nur bei der Deutschen Lufthansa, sondern auch im internationalen Flugverkehr wurde sie zum Symbol für Innovationsfreudigkeit, Qualität und Zuverlässigkeit. Hinzu kamen die zahlreichen Pionierflüge, über deren Ergebnisse und Leistungen in allen internationalen Zeitungen große Artikel und Bildfolgen erschienen.

Der Transport des olympischen Feuers von den heiligen Stätten in Griechenland über Athen nach Berlin durch die Ju 52/3m D-ALYL „XI. Olympische Spiele" war sicher ein gelungener PR-Gag, doch Millionen von Menschen sahen in diesem Flug eine Demonstration der modernen Menschheit, einen Sieg des technischen Fortschritts, der mit zur weltweiten Popularität der Ju 52 beitrug.

Ju 52 – Markenzeichen einer Generation

In Warteposition: Die Ju 52 war das meistgeflogene und beliebteste Flugzeug der 1930er-Jahre, und das nicht nur bei der Lufthansa.
Foto: Lufthansa

Vorrangig dominierten aber die fliegerischen Leistungen der Piloten im Fernliniendienst der Lufthansa. Die Hochgebirge der Alpen und Pyrenäen bildeten keine Hindernisse mehr und die Ost- und Nordsee wurde täglich mehrmals im Linienflug mit der Ju 52 überflogen. Etwas anders sah es im Flugstreckennetz nach Afrika und Asien aus. Tropische Klimabedingungen stellten hohe Anforderungen an Mensch und Maschine. Die am 29. Oktober 1937 eröffnete Fernfluglinie Orient-Asien von Berlin über Athen nach Bagdad und im Frühjahr 1938 über Teheran nach Kabul verlängert, war im asiatischen Teil wetterseitig schwierig zu fliegen. Der Erkundungsflug der Ju 52 D-ANOY „Rudolf von Thüna" im August 1937 von Kabul über das Himalaya-Gebirge, dem „Dach der Welt", nach China bis Sian, war eine flugtechnische Meisterleistung. Der geographisch schwierige Teil, der 5.400 Meter hohe Whakan-Pass war überflogen und damit das Fernziel, der Anschluss nach Schanghai am ostchinesischen Meer, näher gerückt. Sie verwirklichten damit einen Traum von Professor Junkers. Angeregt von dem deutsch-türkischen Projekt der Bagdadbahn zu Beginn des 20. Jahrhunderts, versuchte er in den Zwanzigerjahren, mit Pionier- und Forschungsflügen über Griechenland, der Türkei, dem Irak, Iran sowie Indien, Afghanistan, Tibet nach China auf dem Luftweg neue Handelsmöglichkeiten zu erschließen. Dadurch sollten auch lange Seewege entfallen. Ein Vorhaben, dem vorrangig wirtschaftliche Ziele zugrunde lagen und auch im Interesse anderer Fluggesellschaften wie der Eurasia Avation Corporation lag, zu deren Flugpark ebenfalls Junkers Ju 52/3m gehörten. Dass die Piloten bei ihrem Flug in einen bewaffneten Aufstand gerieten und wochenlang gefangen gehalten wurden, das war ernst und dramatisch genug. Doch sie hatten

Die D-ANYF „Erich Pust", Werk-Nr. 4071, überflog stets die Alpen im Linienflug Berlin–München–Venedig–Rom. Foto: Lufthansa

eine große fliegerische Glanztat vollbracht, die der mitfliegende Lufthansa-Direktor Freiherr von Gablenz in seinen Erinnerungen mit dem Satz beschrieb: „Ich habe das Gefühl, als kratzten die Flügel der D-ANOY bereits die Felswand."

Auch der Junkers-Rund-Afrika-Flug vom 21. Oktober bis zum 4. Dezember 1937 mit der Ju 52/3m D-AMUO verfolgte das Ziel, durch einen Pionierflug neue Fluglinien und Absatzmärkte zu erschließen. In 136 Flugstunden wurden über 28.000 Kilometer zurückgelegt. Die hochkarätig besetzte Flugmannschaft um den Generaldirektor der Junkers-Flugzeug- und Motorenwerke AG Dessau (JFM) Heinrich Koppenberg wurde überall als „ein guter Botschafter" begrüßt – zusammen mit ihrer Ju 52.

Am 22. April 1939, um 0.46 Uhr, startete die Ju 52 DANJH „Hans Loeb", Werk-Nr. 5947, mit der Besatzung Freiherr von Gablenz, Flugkapitän Alfred Helm, dem Funker Walter Kober und dem Flugmaschinisten Wolschke sowie Fluggästen aus Wirtschaft und Handel auf dem Flugplatz Berlin-Tempelhof zu einem weiteren über 34.000 Kilometer sich erstreckenden Fernflug nach Asien. Nach 3.050 Flugkilometern landete sie am gleichen Tag auf dem im Stil der Neuen Sachlichkeit modern eingerichteten Flughafen Beirut. Weitere Stationen auf dem Weg nach Tokio waren Basra, Jodhpur, Kalkutta, Bangkok, Hanoi, Hongkong und Taihoku. Überall wurde die Mannschaft mit ihrer Ju 52/3m in der gleichen begeisterten Weise begrüßt und gefeiert. Am 22. Mai traf die Maschine ohne Beanstandung an Zelle und Motor wieder in Berlin-Tempelhof ein. Das Lob der Besatzung und der Passagiere über diese Leistung ihres Flugzeuges war einstimmig. Umso mehr wog die Anerkennung des Auslandes über die Qualität und Technik „Made in Germany". So konnte die Lufthansa noch vor Beginn des Zweiten Weltkrieges ihr Linien-Flugnetz bis nach Bangkok erweitern.

Ju 52 – Markenzeichen einer Generation

Doch besonders bewährte sich die Junkers Ju 52/3m innerhalb der südamerikanischen Fluggesellschaften. Im ständigen Liniendienst mit einem Auslastungsgrad von 100 Prozent leisteten die Flugzeuge Erstaunliches, wenn man bedenkt, dass einige Flugplätze in Bolivien Höhenlagen bis zu 4.000 Meter haben und regelmäßig Hochgebirgsstrecken zu passieren waren. In den hohen Bergketten der Kordilleren auf den Flugstrecken Lima – La Paz zwischen Bolivien und Peru sowie über den Anden zwischen Chile und Argentinien von Santiago nach Buenos Aires traten fast das ganze Jahr Schneestürme bzw. Luftturbulenzen auf, die mit der Ju 52/3m gemeistert werden mussten. Den Piloten und Maschinen wurde viel abverlangt, berichteten die Junkers-Nachrichten im September 1939, „doch ist bis heute noch niemals ein Flug mit der Ju 52 auf diesen Strecken ausgefallen, selbst wenn alle anderen ebenfalls dort fliegenden Gesellschaften für Tage ihren Betrieb einstellten."

Startvorbereitung zum Nachtflug der D-2650 „Fritz Rumey", Werk-Nr. 4029, von Berlin-Tempelhof nach Königsberg, 1933 Foto: Lufthansa

In Brasilien existierten drei Fluggesellschaften, zu deren Flugpark natürlich die Junkers Ju 52/3m gehörten. Ob im Amazonasgebiet, in den Weiten der endlos erscheinenden Ebenen des Landes oder in den Höhen der Bergwelt, überall flog die Ju 52 beständig und zuverlässig rund um die Uhr ihre Wegstrecken. Teilweise mussten große Entfernungen überbrückt werden. Allein die Fluglinie entlang der Küstenstädte besaß eine Länge von 4.230 Kilometern. Egal ob als

Die D-AUWA „Gerhard Amann" auf dem Londoner Flughafen Croydon Foto: Lufthansa

Das Luftschiff LZ 127 „Graf Zeppelin" und die Junkers Ju 52/3m galten in den 1930er-Jahren als Inbegriff für modernes Reisen.
Foto: Lufthansa

Landvariante oder mit Schwimmer als Wasserflugzeug, die Ju 52/3m war stets einsatzbereit.

Daher kommentieren die Junkers-Nachrichten im erwähnten Septemberheft: „Kein Wunder also, dass es heute im Weltluftverkehr am meisten und am liebsten geflogen wird. Stolz trägt sein Seitenleitwerk die Fahnen von 26 Nationen, und immer noch erweitert sich der Kreis, weil der erfahrene Verkehrsfachmann seinen Fluggästen nichts Sichereres bieten kann. Ein Kundendienstnetz spannt sich über die Erdteile; im Werk geschulte Monteure stehen überall zur Verfügung. Ein Flugzeug erobert sich die Welt."

Danach folgt das Resümee, dass „in unseren Tagen Staatsoberhäupter, Minister und hohe Beamte dieses schöne Verkehrsmittel genau so selbstverständlich benutzen wie Kaufleute und Touristen aus aller Herren Länder."

Ju 52 – Markenzeichen einer Generation

Start der D-2202 „Richthofen", Werk-Nr. 4015, im Liniendienst der Luft Hansa, 1932 Foto: Lufthansa

Die Ju 52 „Wilhelm Cuno" im Landeanflug Foto: Lufthansa

In Fachzeitschriften und Literatur fand der Afrikaflug eine große Resonanz.

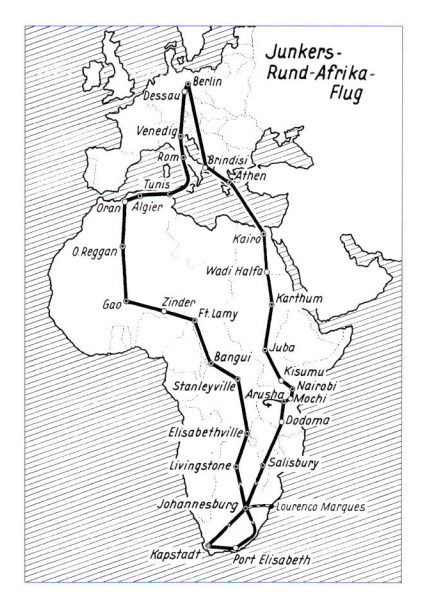

Karte zum Rund-Afrika-Flug der Ju 52 D-AMUO vom 21. Oktober bis zum 4. Dezember 1937.

Fotos auf dieser Doppelseite: Sammlung des Autors

Flugteilnehmer des D-AMUO Rund-Afrika-Fluges, von links: Bordfunker Klaproth, Fischer von Poturzyn, Dr. Koppenberg, General Iserentant, Dipl.-Ing. Auerswald, Obermaschinist Rivinius, Flugkapitän Rother, Hauptmann von Morcau

Überführung von Junkers Ju 52/3m von Dessau nach Johannesburg für die South African Airways im Oktober 1934 Foto: Lufthansa

Im Flugliniennetz Südafrikas der 1930er-Jahre kamen vorzugsweise Ju 52 wegen ihrer Sicherheit und Zuverlässigkeit sowie ihres Komforts zum Einsatz. Foto oben und ganz oben: Sammlung des Autors

Pioniergeist und Technik faszinieren stets aufs Neue. Kaum ein anderes Flugereignis hat 1937 die Menschen so bewegt, wie der Pionierflug einer Ju 52/3m über das Himalaya-Gebirge, das Dach der Welt. Die dreiköpfige Besatzung mit Robert Untucht, Freiherr Carl August von Gablenz und Karl Kirchhoff wurde nach ihrer Rückkehr in Berlin wie Helden gefeiert. Foto: Lufthansa

Ju 52 – Markenzeichen einer Generation

In China, dem Reich der Mitte, flog die Eurasia verstärkt mit Ju-52-Maschinen. In diesem großen Land wurde die legendäre Ju zu einem Symbol hochgeschätzter deutscher Wertarbeit. Foto: Lufthansa

Auf allen Hauptflugstrecken Südamerikas war in den Dreißigerjahren stets die Ju 52 präsent. Auch die 1938 gegründete „Lufthansa-Peru" flog ausschließlich mit diesem Flugzeugtyp. Foto: Lufthansa

Reklamefaltblatt der Lufthansa mit der Ju 52 für die Imperial Airways Limited in London. Graphik: Kükenthal, 1937

Eines ihrer besten Werbeplakate und Reklamekarten brachte die Lufthansa 1937 heraus, die sogenannte „Postkutschen-Ju".
Graphik: Ullmann

Auch ausländische Fluggesellschaften, wie die schwedische A.-B. Aerotransport, verwendeten gern Junkers-Maschinen in ihrer Werbung.
Graphik: A. Beckmann

Ju 52 – Markenzeichen einer Generation

Die Ju 52 als Markenzeichen für technischen Fortschritt und sicheres sowie zuverlässiges Fliegen auf den Lufthansa-Plakaten der Dreißigerjahre Foto: Lufthansa

Gepäckaufkleber mit dem Ju-52-Motiv, früher wie heute eine beliebte kleine Erinnerung an eine Luftreise

Logos der internationalen Fluggesellschaften, in deren Liniendienst Ju 52/3m im Einsatz waren. Alle Fotos dieser Doppelseite: Sammlung des Autors

oben links: Frachtverladung in die D-AHGB „Rudolf Kleine", Werk-Nr. 6800 Foto: Lufthansa

oben rechts: Ju 52/3m D-ADHU als fliegende Reklame im Dienst des Pharmaunternehmens Bayer in Leverkusen Foto: Sammlung des Autors

Am 3. Februar 1934 eröffnete die Lufthansa mit der Ju 52/3m „Zephyr" den planmäßigen Luftpostdienst nach Südamerika. Foto: Lufthansa

Faszination des Fliegens

Technik im Detail

Wir kennen von der Technik im Wesentlichen nur das äußere Erscheinungsbild. Der Blick in das Innere eines technischen Produktes und seiner Funktion ist nicht immer möglich. So bleibt es uns teilweise verschlossen wie eine Blackbox. Doch der kulturelle Wert der Technik beschränkt sich nicht ausschließlich auf das äußerliche, das Design, vorrangig sind Funktion und erreichbarer Nutzen. Das weckt die Neugier. Ein Flugzeug, zumal noch eines aus der Pionierzeit der Luftfahrt, hautnah und im Detail zu betrachten, ist schon eine spannende Angelegenheit. Das eröffnet neue Ansichten und Blickwinkel, es lenkt den Blick auf Details, die das Flugzeug Junkers Ju 52/3m in allen Facetten seiner Funktion und Gestaltung erkennbar machen.

Der Blick über den aerodynamisch gewölbten Flügel einer Tragfläche in Richtung des Hauptmotors zeigt die markante und einprägsame Wellblechstruktur der Ju-52-Außenhaut. In dieser parallellaufenden Ebenmäßigkeit der Wellen erkennt man die Präzision ihrer Gestaltung. Jede Wölbung bedeutet eine Verfestigung des dünnwandigen Bleches. So entsteht eine gefestigte Struktur, sowohl im optischen als auch im statischen Bereich. Eine Ästhetik wird erkennbar, durch das Licht-Schatten-Spiel noch gesteigert, die ihren Ursprung in der technischen Konstruktion des Flugzeuges hat. Die Fensterreihung ist der Sitzhöhe der Passagiere angepasst. Der Ausblick wird zum Einblick in den Passagierraum. Die warmen Farbtöne bei der Innenraumgestaltung der Fluggastkabine kontrastieren mit den kühlen Farbnuancen der Rumpfaußenhaut. Ebenso erzeugen die rechteckigen Fenster zu den gewölbten Blechstrukturen eine optische Spannung. Ein umschlossener Raum, dessen Konstruktion sich nur erahnen lässt. Auf dem Flugzeugdach ist eine moderne Funkantenne zu erkennen.

Foto: Kettner/Lufthansa

Eine der interessantesten Ansichten der Ju 52/3m. Alle drei Motore sind in ihrer Anbringung an den Tragflächen und im Vorderteil des Rumpfes gut zu erkennen. Dem aufmerksamen Betrachter fällt natürlich die seitlich nach außen gerichtete Anordnung der beiden Außenmotoren auf. Bei einem eventuellen Motorausfall würde durch diese Drei-Grad-Außenstellung noch genug Auftrieb erzeugt, um das Flugzeug gefahrlos und sicher in der Luft zu halten. Charakteristisch für die Ju sind die aerodynamisch geformten runden Blechverkleidungen der drei Sternmotore, sie werden als NACA- und Townend-Ringe bezeichnet. Der silbergraue Farbton des Flugzeuges ist im Bereich der Motore durch schwarze Farbe ergänzt. Auch im Bereich der Tragflächen sind an den Außenmotoren schwarz gehaltene Farbstreifen zu sehen. Diese bei Motorflugzeugen der alten Lufthansa im wesentlichen ab 1935 angewandte Farbbehandlung sollte unverbrannte Vergaserrückstände oder evtl. Ölspuren der Motore auf den ersten Blick unsichtbar machen. Natürlich wurden die Maschinen regelmäßig gewartet und gereinigt. So sahen die Flugzeuge stets tadellos aus. Gut sichtbar ist das zweiteilige Fahrwerk in seiner Verankerung im Tragflächenmittelstück. Das Fahrgestell besteht aus je einer Rohrgabelschwingachse zur Aufnahme der Bremskraft, einem Stoßdämpfer in stromlinienförmiger Verkleidung, der mit Ringfederelementen ausgestattet ist und einer hinteren Strebe zur Aufnahme seitlich wirkender Kräfte.

Foto: Kettner/Lufthansa

Technik im Detail

Wie filigran und mit vielen kleinen Sicken versehen die Wellblechverkleidung der Tragflächen an die Holme der Tragwerkkonstruktion genietet ist, zeigt dieses Detailfoto der Flügelnase. Trotz zahlreicher Hilfsvorrichtungen und Spezialzangen war das eine schwere und komplizierte Arbeit, die beim Bau den Konstrukteur, Technologen und Facharbeiter gleichermaßen forderte. An der Unterseite der Tragfläche befindet sich in Flugrichtung beidseitig ein einschwenkbarer Lande- bzw. Rollscheinwerfer. Foto: Kettner/Lufthansa

Die Motorenverkleidungen sind aerodynamisch wie Strömungsringe geformt und dienen der Motorkühlung. Deutlich sind in dieser Detailansicht die einzelnen Motorzylinder zu sehen, die sternförmig um die zentrale Motorachse angeordnet sind. Daher auch der Name Vergaser-Sternmotor. Er bildet mit den anderen beiden Motoren das Herzstück oder besser gesagt, die Kraftzentrale der Ju 52/3m. Auf dem Ende der Motorachse sitzt die mehrblättrige Luftschraube, der Propeller. Foto: Kettner/Lufthansa

oben: Facettenartig, wie das Auge eines Insekts wirkt die Glaskanzel der Ju 52 in ihrer Gliederung. Ein Blechrahmen hält die verschiedenen Fensterflächen zusammen. Die Piloten eines Flugzeuges brauchen eine gute Sicht. Von einem erhöhten Sitz blicken sie in die Landschaft. Man muss das Ziel stets vor den Augen haben und sich auch seitlich orientieren können. Das gilt heute wie früher und daran wird sich auch in der Zukunft nichts ändern. Foto: Kettner/Lufthansa

„Nicht anfassen!" steht auf dem verstellbaren Hilfsflügel, der ein wesentliches Steuerteil am Flugzeug ist. Das Tragwerk ist als Doppelflügel nach einem Junkers-Patent ausgebildet. Es besteht aus dem fest mit dem Rumpf verankerten Hauptflügel und einem im Fluge verstellbaren hinteren Hilfsflügel. Durch diese aerodynamisch günstige Anordnung der beiden Tragwerkprofile erhält das Flugzeug einen zusätzlichen Auftrieb.
Foto: Kettner/Lufthansa

Technik im Detail

Der zweigeteilte Blick des Piloten: Technik und Umwelt. Unsere Umwelt übt einen ständigen Einfluss auf uns aus. Vor allem am Wetter bemerken wir das. In der Pionierzeit des Fliegens spürten das nicht nur die Piloten. So flog man anfangs nur bei guter Witterung. Mit der Junkers Ju 52/3m änderte sich das grundlegend. Sie war technisch auf der Höhe ihrer Zeit. Armaturen, Messgeräte, Steuerhilfen, Gerätschaften und Vorrichtungen, die das Fliegen sicherer und problemloser gestalteten sowie eine Parallelsteuerung bestimmten das Geschehen im Cockpit. Mit einem Funkgerät war man nicht nur mit der Bodenstation verbunden, es diente auch der Funkpeilung bei Nachtflügen oder trübem Wetter. Der Slogan „die Lufthansa fliegt bei jedem Wetter" war sprichwörtlich gemeint. Das Cockpit wurde vom Konstrukteur ergonomisch gestaltet, sodass der Pilot mit einem geschulten Blick vom Armaturenbrett durch das Fenster oder umgekehrt bzw. mit einer Handbewegung alles im Griff hatte. Das Foto zeigt rechts auch die modernen Anzeigengeräte der rekonstruierten Ju. Foto: Kettner/Lufthansa

Eine Tür aus Metall hat schon eine besondere Wirkung. Aber eine aus glattem und gewellten Duraluminblech, das ist schon eine Besonderheit. Genauso wie der versenkbare Türgriff, den mancher Passagier erst auf den zweiten Blick erfasst. Natürlich ist der Türschlossgriff gegen unbeabsichtigtes Öffnen gesichert. Hinzu kommt noch eine eigene Bordleiter, wenn auf dem Flugplatz keine passende Gangway vorhanden ist. Man merkt bereits beim Einsteigen, dass man in der Junkers Ju 52/3m stets in der ersten Klasse fliegt, denn welcher moderne Jet-Liner kann so etwas bieten?

Foto: Kettner/Lufthansa

Technik im Detail

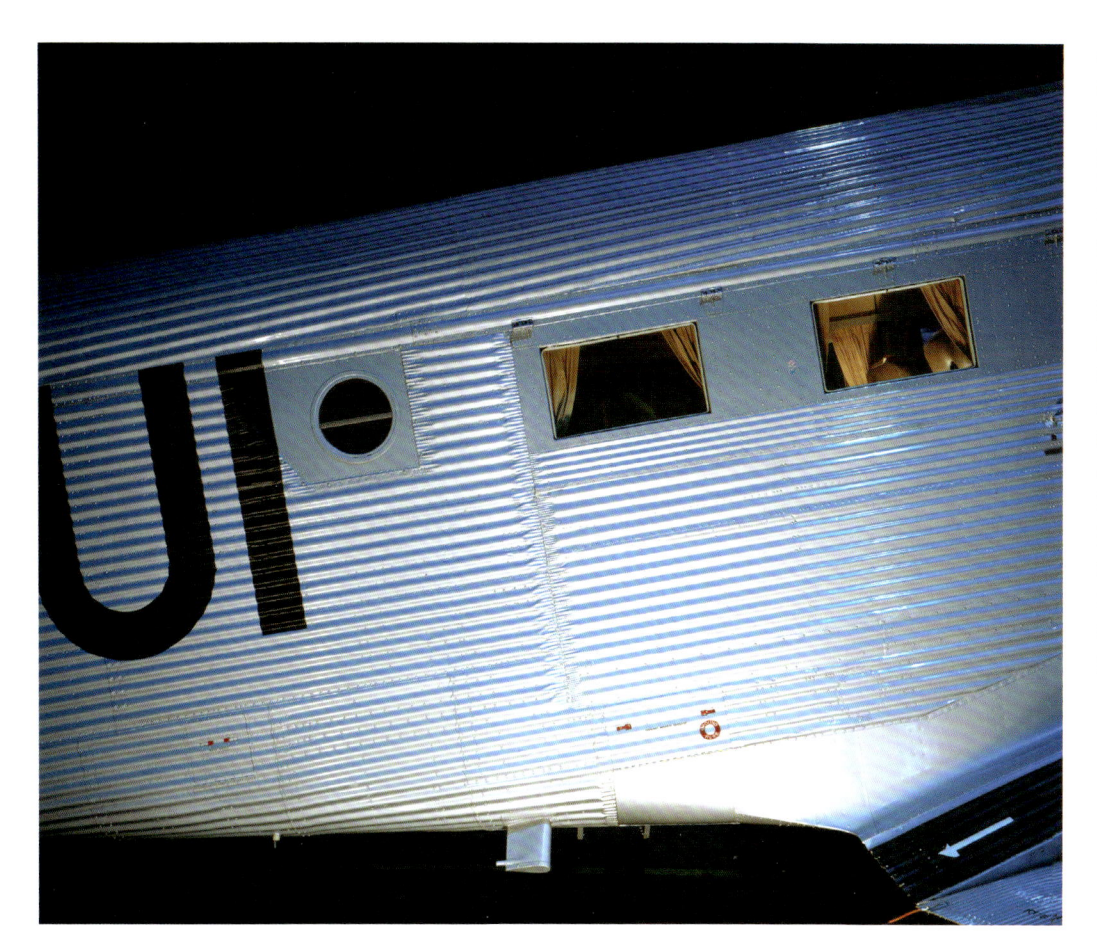

Schon die Fensterform verrät die Räumlichkeiten. Während der Passagier im Fluggastraum durch rechteckige Fenster die Landschaft betrachten kann, gibt es im Sanitärbereich ein rundes Fenster und nach unten das berühmte Rohrstück. Interessant sind jedoch bei dieser Detailansicht die unterschiedlichen Wellblechstrukturen mit ihren Anschluss-Sicken an den Übergangsstellen zu den Nietverbindungen, die in ihrer komplexen Vielfalt sonst nur noch am Leitwerk wiederzufinden sind.
Foto: Kettner/Lufthansa

Die Endkappe der Höhenflosse, die sogenannte Höhenflossennase, der Ju 52/3m ist in einer aerodynamisch günstigen Form gestaltet. Dadurch werden Luftverwirbelungen vermieden, die das Flugverhalten beeinträchtigen könnten. Das Typenschild an der Endkappe der Höhenflosse dient der Identifizierung des Flugzeuges. Es nennt den Hersteller, die Werk-Nummer, das Baujahr und die Flugzeugkennung.
Foto: Kettner/Lufthansa

Das Leitwerk übernimmt mit dem Seitenruder, auf dem Foto rechts, und dem Höhenruder, unten links, die wesentlichen Steuerungsfunktionen des Flugzeuges. Eine Steuerung erfolgte bei der Ju 52 früher durch Seilzüge, heute durch ein absolut sicher funktionierendes Steuergestänge und für die Höhenflossentrimmung werden Drehwellen verwendet. In einem modernen Jet-Liner steuert man per Hydraulik und Elektronik. Die Schrift am Seitenleitwerkskasten gibt den Hersteller und das Logo auf dem Seitenruder den Betreiber bzw. Eigentümer des Flugzeuges an. Unter dem Leitwerk befindet sich das Gelenk des Spornrades, im Foto unten zu erkennen. Es ist mit dem Seitenruder gekoppelt, damit das Flugzeug auch am Boden gut manövrierbar bleibt.

Foto: Kettner/Lufthansa

Technik im Detail

Weit über 4.500 Flugzeugenthusiasten und Ju-52-Freunde fanden sich am 6. März 1990 auf dem historischen Junkers-Werkflugplatz in Dessau ein, als dort nach 45 Jahren erstmals wieder eine Junkers Ju 52/3m landete. Es war ein bewegender Augenblick, als um 14 Uhr 03 die D-AQUI, die Traditionsmaschine der Deutschen Lufthansa, aufsetzte. Alte Junkers-Mitarbeiter schämten sich ihrer Tränen nicht, als sie ihrer „Tante Ju" gegenüber standen. Ein Rundflug für 14 Ehrengäste, zu denen auch der Autor dieses Buches gehörte, schloss sich an. Seitdem ist es eine Tradition geworden, dass zu bestimmten Anlässen und Flugplatzfesten auch eine Ju 52 über ihre Heimatstadt fliegt. Foto: ADN/Lufthansa

Am Seitenleitwerkskasten der „Tante Ju" bilden seit der Rekonstruktion zwei rechtwinklige Metallflächen eine Besonderheit. Sie dienen als Navigationsantenne für das Instrumentenlandesystem (ILS) und verdeutlichen zugleich optisch, dass alte und neue Technik durchaus auch im ästhetischen Sinne miteinander harmonieren können. Ein Detail, das selbst der Fachmann oder Flugzeugfreak meist erst auf den zweiten Blick erkennt.
Foto: Kettner/Lufthansa

Fliegen ohne Ende mit der Legende

Leidenschaft und Nostalgie

Weltweit fliegen noch acht Junkers Ju 52/3m, die das Corporate Identity aus der Pionierzeit der Verkehrsluftfahrt in repräsentativer Weise vertreten. Die bekannteste Maschine ist die D-AQUI, das Traditionsflugzeug der Deutschen Lufthansa Berlin-Stiftung. Vier Maschinen fliegen in der Schweiz und sind unter dem Namen der Ju-Air in Dübendorf bei Zürich stationiert. Eine weitere Ju 52 ist in Frankreich zugelassen. In Johannesburg ist bei der South African Airways und in den USA je eine weitere flugfähige Ju 52 vorhanden. Auch sie symbolisieren, wenn sie fliegen, die Faszination der frühen Luftfahrt. Die Junkers Ju 52, die technischen Fortschritt, Motivation, Qualität, Sicherheit und Wertebeständigkeit verkörpert, erfreut sich nach wie vor großer Beliebtheit. Besser und überzeugender als im Flug ist die Entwicklung des modernsten und schnellsten Verkehrsmittels des 20. Jahrhunderts nicht zu demonstrieren.

So findet die Junkers Ju 52/3m heute als fliegende technische Legende, egal wo sie auftaucht, immer mehr Liebhaber. War bereits am 1. April 1986 der erste Start der D-AQUI vom Flughafen Hamburg aus eine Attraktion, die viele Zuschauer trotz des schlechten Wetters mit Interesse und Spannung verfolgten, so wuchs die Beliebtheit der „Tante Ju" mit jedem Start weiter. Rund- und Sonderflüge wa-

Junkers Ju 52/3m, D-AQUI, Traditionsflugzeug der Deutschen Lufthansa Stiftung Berlin Foto: Lison/Lufthansa

ren schnell ausgebucht. Egal wohin sie fliegt, überall wird die Ju wie ein Star empfangen.

FREUNDE AUF DER GANZEN ERDE

Nicht anders ist es im europäischen Ausland. Zum Flughafen-Jubiläum in Helsinki 1988 absolvierte die D-AQUI eine Flugstrecke von rund 1.100 Kilometern von Hamburg über Linköping und Stockholm. Jede Zwischenlandung brachte der Maschine und ihrer Besatzung sprichwörtlich stehende und lang anhaltende Ovationen ein. Begeisterte Zuschauer, wohin das Flugzeug auch kam: Mit diesem Erfolg hatte niemand gerechnet.

Auch der mitteldeutsche Rundflug im Frühjahr 1990, der aufgrund alliierter Bestimmungen erst durch die politische Wende in der damaligen DDR möglich war, gestaltete sich zu einem Höhepunkt. Nicht nur in Berlin, dem Standort der Ju, auch in Dresden, Leipzig und anderen Städten, im besonderen aber in Dessau, Heimat der Junkers-Flugzeuge, steigerte sich der Besuch der Ju 52 zu einem wahren Volksfest. Tausende kamen als Zuschauer, als nach 45 Jahren erstmals wieder eine Junkers Ju 52/3m auf dem historischen Werksflugplatz der Junkerswerke landete.

Noch im gleichen Jahr startete die D-AQUI zu einer USA-Tournee, die Ende Juli auf dem weltberühmten Oldtimertreffen der Veteranen der Lüfte in Oshkosh begann. In 34 Städte führte diese Reise, die in Seattle an der Pazifikküste endete. Dort übernahm die Lufthansa am 24. Februar 1991 die 2.000. gefertigte Boeing 737. Zur Erinnerung, von der Ju 52/3m sind damals rund 5.000 Maschinen gebaut worden. Natürlich kann man diese Zahlen nicht einfach vergleichen, da sie verschiedene Zeitepochen und Entwicklungsstufen der Luftfahrt charakterisieren. Doch interessant ist es schon, zu wissen, dass die Junkers Ju 52/3m wahrscheinlich das in der größten Stückzahl gefertigte Verkehrsflugzeug der Welt ist. Daher bildete die Ju 52 den historischen Rahmen für die Feierlichkeiten bei der Flugzeugübergabe der Boeing an die Lufthansa. Das Rendezvous der Lüfte zweier Lufthansa-Maschinen vor der Küste von Seattle am 7. Februar 1991 war daher eine Referenz an zwei Flugzeugtypen, die zu den bekanntesten Verkehrsflugzeugen in der Internationalen Luftfahrt gehören.

Bereits 1931 flog eine einmotorige Ju 52 im Liniendienst der South African Airways die Strecke Windhoek–Kimberley. Ende der Dreißigerjahre besaß die Fluggesellschaft elf der bewährten Ju 52/3m-Maschinen. Übrig geblieben ist eine noch heute zugelassene Ju 52, die „Jan van Riebeeck". Zur Freude zahlreicher Flugliebhaber zieht sie oft über dem afrikanischen Kontinent ihre Kreise und findet stets auch neue begeisterte Anhänger. Foto: Fraport, Luftfahrthistorische Sammlung

Sie fliegt wieder!
Foto: Plath/Lufthansa

Über der Burg Karlstein bei Prag am 6. Mai 2001
Foto: Bondzio/Lufthansa

Leidenschaft und Nostalgie

Eine Aufnahme, die so nicht mehr gemacht werden kann, die D-AQUI vor dem World Trade Center im September 1990. Foto: Lufthansa Bildarchiv

Mit der Berlin-Tempelhof
über Berlin

Foto: Rebenich/Lufthansa

Eine Reverenz an die tschechische Hauptstadt und die goldene Stadt Prag an der Moldau am 6. Mai 2001

Foto: Bondzio/Lufthansa

oben: Zwei Flugzeuggenerationen begegnen sich am 7. Februar 1991: Die Ju 52/3m D-AQUI und die Boeing 737-500 D-ABIH im Flug vor dem Weichbild Seattles.
Foto: Reberich/Lufthansa

Eine linke Steilkurve und wieder sieht der Passagier die Landschaft aus einem anderen Blickwinkel.
Foto: Bondzio/Lufthansa

Das tiefe Blau der Alster und die zahlreichen Häuser, die wie helle Farbtupfer die Landschaft beleben, geben einen guten Bildkontrast und lassen die Ju zum Blickfang werden. Foto: Plath/Lufthansa

Eine Schweizer Ju ist auch für Reklame-Zwecke zu nutzen, denn schließlich muss sich die Ju-Air finanziell selbst tragen. Als lila Milka-Ju vertrat das Flugzeug auf charmante Art die traditionsreiche Schweizer Schokoladenkultur, wie hier bei einem Besuch auf dem Flughafen Berlin-Schönefeld.
Foto: Bohm/Berlin

Leidenschaft und Nostalgie

Bei der Wiedereröffnung des ehemaligen Dessauer Junkers-Werkflugplatzes als Regionalflughafen für den Raum Anhalt in Form eines Flugplatzfestes vom 19. bis 21. August 1994 gab es für die D-AQUI und drei Maschinen der Schweizer Ju-Air ein Stelldichein besonderer Art: vier gestandene „Tante Jus" zu Besuch in ihrer Heimatstadt. Ein Ereignis, an dem etwa 40.000 Besucher teilnahmen, von denen viele die Gelegenheit für einen Rundflug mit einer der legendären Ju nutzten. Foto: Miertsch/Teupitz

Wie ein grüner und brauner Teppich breitet sich bisweilen die Landschaft aus, wenn man im Frühjahr über die großen Felder Norddeutschlands fliegt und die Sonne in einem heiteren Licht und Schattenspiel die Natur belebt.
Foto: Bondzio/Lufthansa

Romantik und technische Nostalgie. Selten ist man gleichzeitig mit der Natur und der Technik so nah verbunden wie mit einem Flug der legendären Ju. Zum einen liegt aus der Distanz der Flughöhe die Landschaft zum Greifen nahe und man nimmt sie dadurch intensiver wahr. Und zum anderen ist es das erhebende Gefühl, in einem technischen Highlight aus der Pionierzeit der Luftfahrt zu fliegen, das rhythmische Dröhnen der drei Motoren zu hören und bisweilen durch die Windböen kräftig durchgeschüttelt zu werden. Man spürt Natur und Technik zugleich. Das lässt das Adrenalin im Körper ansteigen. Foto: Bondzio/Lufthansa

Im Landeanflug, doch die legendäre Ju fliegt weiter. Foto: Schulze-Alex/Lufthansa

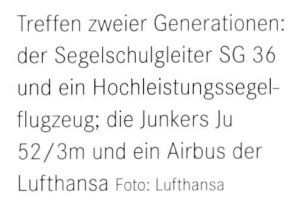

Treffen zweier Generationen: der Segelschulgleiter SG 36 und ein Hochleistungssegelflugzeug; die Junkers Ju 52/3m und ein Airbus der Lufthansa Foto: Lufthansa

Am 25. Mai 1990 wird die Ju 52 für den Abflug nach den USA vorbereitet. Ohne Tragflächen rollt die gute alte Tante Ju in den Großraumtransporter, der sie sicher über den Atlantik bringen wird. Foto: Lufthansa

Zu den zahlreichen Ju 52-Maschinen, die weltweit in verschiedenen Museen zu sehen sind, gehört auch dieses liebevoll restaurierte Flugzeug im Technikmuseum Hugo Junkers Dessau. Es ist ein ehemaliges Transportflugzeug, das 1940 in Norwegen nach einer Militäroperation mit anderen Maschinen im Hartvigsee in der Nähe von Narvik versank. 1986 mit weiteren Flugzeugen aus dem See geborgen, kam diese Maschine 1995 an ihren Entstehungsort zurück.

Beide Fotos: Richter/Dessau

Baubeschreibung, ausgewählte Baureihen; im Flugdienst der DLH

Dokumentation

Die erste Baubeschreibung zum „Junkers Groß-Frachtflugzeug G 52", die spätere Typenkennung Ju 52 war zu diesem Zeitpunkt noch nicht festgelegt, lag am 16. August 1930 in neun Exemplaren vor. Auf drei Schreibmaschinenseiten erläuterte der Konstrukteur Ernst Zindel in knapper, präziser Form die wesentlichsten konstruktiven und technischen Parameter des neuen Flugzeugtyps. Im Fachjournal der Junkerswerke, den „JUNKERS NACHRICHTEN", erschien in der Nr. 3/1931, entsprechend ihres internationalen Charakters, eine ausführliche mehrsprachige Präsentation der einmotorigen Ju 52 in Wort und Bild. Zu diesem Zeitpunkt lief im Dessauer Flugzeugwerk bereits die Serienfertigung der Werk-Nr. 4003 bis 4007. Nach Abnahmeprüfung und der darauf folgenden Überführung der Maschinen an den Kunden erhielt der Käufer bei der Übergabe neben den protokollarischen Unterlagen und Versandpapieren auch eine präzise Baubeschreibung und ausführliche Bedienanleitung zum fertigen Produkt.

Der Nutzer eines Junkers-Flugzeuges sollte dessen Gebrauchswerteigenschaften und seine Handhabung schnell und zielsicher erfassen können. Anwendung, Gebrauchswert, Funktion, Konstruktion, Wartung und Wirtschaftlichkeit waren die für den Kunden wichtigen Parameter. Mit einer bis ins kleinste Detail ausgefeilten Servicefreundlichkeit und Produktreklame setzte Hugo Junkers Akzente.

Die Baubeschreibung des jeweiligen Produkts und seine praktische Nutzung wurde im wahrsten Sinne des Wortes transparenter gestaltet. Das war Voraussetzung zur prakti-

Original-Typenblatt der einmotorigen Junkers Ju 52.
Dokument: Sammlung des Autors

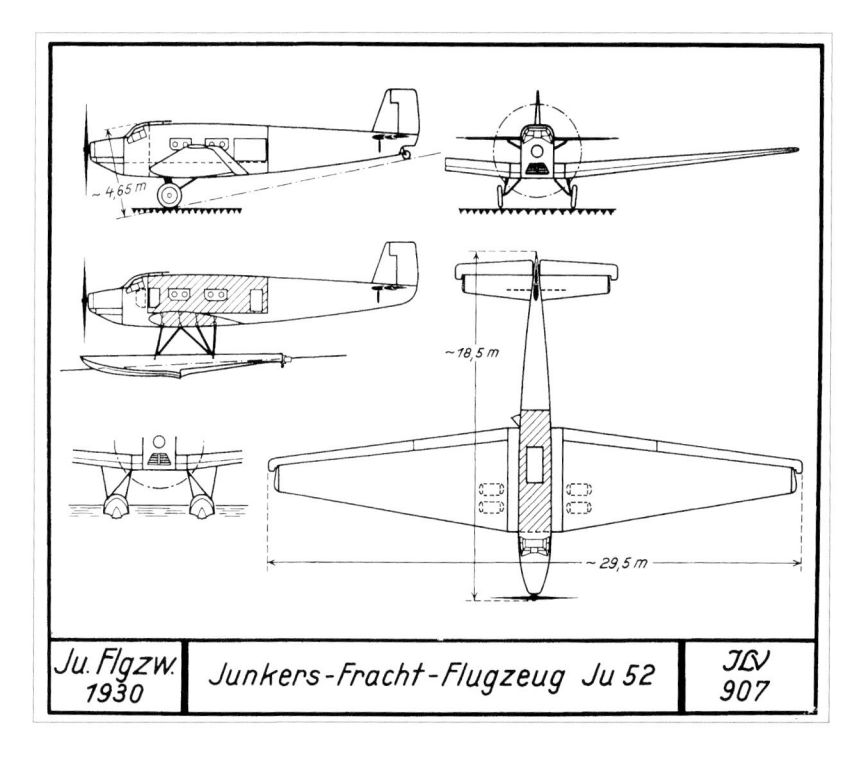

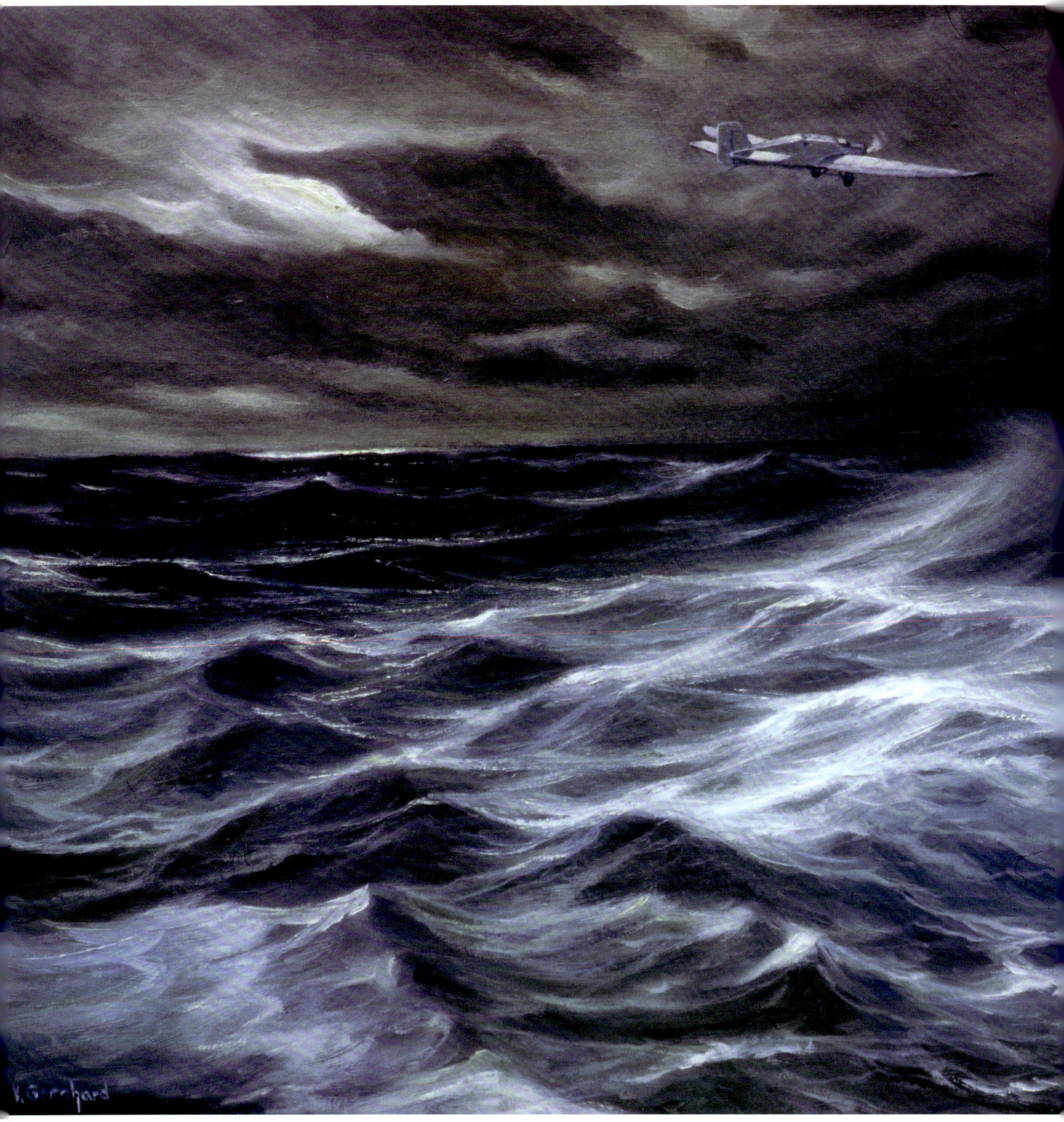
V. Gerhard

Dokumentation

schen Anwendung im Sinne der Qualität, Sicherheit und Zuverlässigkeit, Grundsätze junkersscher Firmenphilosophie.

So war es verständlich, dass bestimmte Baureihen gemäß ihrer technischen Ausstattung auch eine spezifische Baubeschreibung erhielten. Hinzu kamen Typenprospekte, speziell auch zur Ju 52, die in reich bebilderter Kurzform eine illustrierte Baubeschreibung wiedergaben. Solche Schriften sind wegen ihrer guten und vor allem aussagekräftigen Fotografien, Zeichnungen und der technischen Beschreibung sowie Datenübersicht für den interessierten Sammler oder Ju-52-Freak gesuchte Informationsblätter.

Eine Besonderheit der Junkers-Baubeschreibungen bilden die jeweils auf der rechten Textseite angeordneten Zahlen in einer durchgehenden Reihenfolge. Diese Nummerierung erfolgt nach inhaltlich-thematischen Satzschwerpunkten und verdeutlicht den methodischen Leitfaden der Baubeschreibung. Eine Unterbrechung bzw. das Überspringen von Zahlen deutet auf textliche Ergänzungen hin, die ausschließlich für Sonderausführungen an der Maschine vorbehalten waren. In einigen Beschreibungen sind diese dafür vorgesehenen Textpassagen noch farblich, meist in einem Blauton, hervorgehoben. Dadurch wird der Benutzer in die Lage versetzt, die inhaltlichen Aussagen der Baubeschreibung besser zu erfassen. Diese Methodik fördert eine effiziente Wissensvermittlung.

Für den Benutzer bedeutete dieser Erkenntnisgewinn, dass er im funktional-technischen, konstruktiven und technologisch-logistischen Sinne ein Flugzeug nutzen konnte, das auf der Höhe seiner Zeit stand und permanent den aktuellsten Forschungsergebnissen und – Erkenntnissen angepasst wurde. Nur ein innovativ tätiges Unternehmen ist befähigt und in der Lage, die Gebrauchswerteigenschaften und Qualitätsparameter seiner Produkte im wirtschaftlichen Sinne zu verbessern.

Ein exklusiver Abdruck dieser Baubeschreibung auf den folgenden Seiten ermöglicht dem Leser sich intensiv mit der Technik einer Ju 52 zu befassen, gleichzeitig ist die Baubeschreibung in ihrer Anmutung und Struktur ein Zeitdokument.

Die europäische Atlantiküberquerung mit der Junkers W 33 „Bremen" im April 1928 inspirierte zahlreiche Künstler, den ereignisreichen Pionierflug darzustellen. Gerade dieser Flugzeugtyp wurde auf Grund seiner soliden Konstruktion, einer technisch perfekten Ausstattung, exzellenter Flugeigenschaften und eines niedrigen Wartungsaufwandes zum Vorbild für die Junkers Ju 52/1m. Ein Gemälde des Marinemalers Viktor Gernhard aus Pfaffenhofen.
Foto: Sammlung des Autors

BAUBESCHREIBUNG JU 52/3m

Den Berechnungen ist zugrundegelegt:

Maximales Fluggewicht G_{max} = 10500 kg.

Höchstzulässige Gleitfluggeschwindigkeit:
a) Der Festigkeitsrechnung ist zugrundegelegt v = 370 km/h
b) Zulässig ist im Hinblick auf kritische Schwingungen v = 330 km/h (in jeder Höhe)

Größtwert des sicheren Lastvielfachen für das Tragwerk:
a) Bei 2400 Ltr. Brennstoff in den Flügelbehältern (Behälter voll) und der größten zulässigen Horizontalgeschwindigkeit in Bodennähe v_h = 285 km/h:
$n_{sl} = 2,47$
b) Bei Unterschreitung von 800 Ltr. Brennstoff in den Flügelbehältern (Behälter 1/3 gefüllt) und der größten zulässigen Horizontalgeschwindigkeit in Bodennähe v_h = 280 km/h:
$n_{sl} = 2,47$

Bei Fluggewichten unter 10000 kg beträgt die größten zulässige Horizontalgeschwindigkeit in Bodennähe
$v_h = 290$ km/h

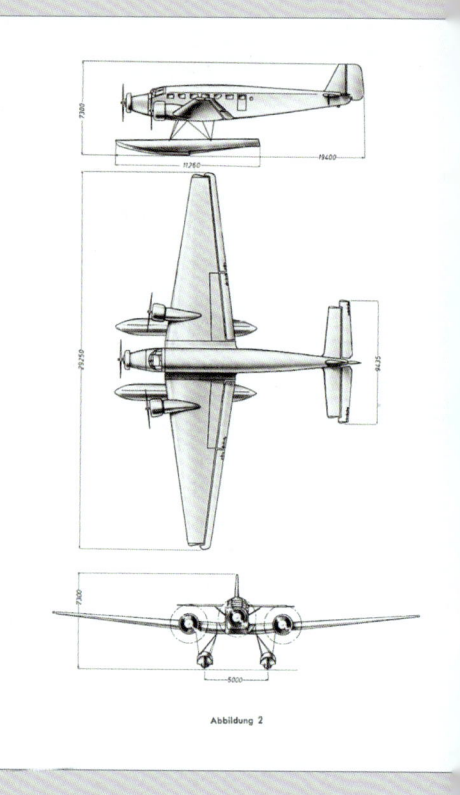

Abbildung 2

Diese Baubeschreibung für die Junkers Ju 52/3m, die 1935 auf deutsch und englisch erschien, wurde noch ganz im typographischen Outfit der Bauhausreklame gestaltet. Foto: Sammlung des Autors

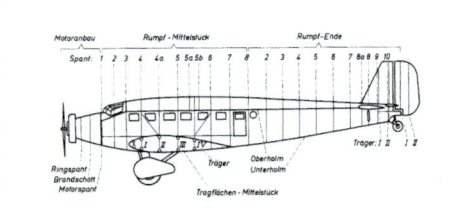

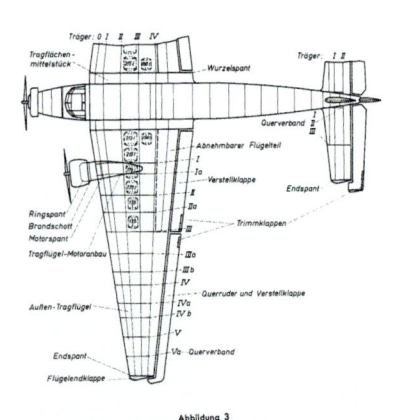

Abbildung 3

I. Flugwerk

a) Rumpfwerk

Der Rumpf hat rechteckigen Querschnitt mit stark abgerundeten Ecken. Das Rumpfgerüst besteht aus vier Längsholmen und senkrecht zur Längsachse angeordneten Spanten. Seitenwände und Decke werden durch Auskreuzungen zwischen den Spanten versteift. Die Längsprofile sind offene Hutprofile. Die Wellblech-Außenhaut wird zum Tragen mit herangezogen.

Zum Anheben des ganzen Flugzeuges sind versenkt angeordnete Heißbeschläge eingebaut.

Der Rumpf ist eingeteilt in:
Motorvorbau für Mittelmotor
Rumpfmittelstück
Rumpfende

Abbildung 4

Der Motorvorbau für Mittelmotor ist im Abschnitt „Triebwerk" (Bez.-Nr. 122 und 123) beschrieben.

Rumpfmittelstück

Das Rumpfmittelstück ist mit dem Flügelmittelstück konstruktiv vereinigt und ist raummäßig in Führerraum und Hauptnutzraum unterteilt.

Führerraum

Der Führerraum ist mit einer Überdachung versehen (siehe auch Seite 35).

Nutzraum

Hinter dem Führerraum schließt sich ein vollkommen freier rechteckiger Nutzraum von 19,6 m² an. Unter diesem befinden sich im Tragflächenmittelstück drei von der Rumpfunterseite zugängliche Räume von zusammen 3 m², welche als Gepäckräume dienen und mit verschiebbaren Rosten versehen sind. Die Gepäckräume werden durch Klappen verschlossen, die ihrerseits mit Aluminiumband-Schrankschlössern versehen sind. Ferner ist vor Spant 4 rechts ein Raum mit 0,35 m² zur Unterbringung von Akku und Bordwerkzeugen eingerichtet.

Bei Wassermaschinen ist noch ein zusätzlicher Raum von 1,2 m² zwischen Spant 6 und 8 vorgesehen.

Der Führerraum ist mit dem Nutzraum durch eine doppelteilige Tür mit Schliebefenstern verbunden.

Rumpfende

Das rechteckige Rumpfende ist mit dem Rumpfmittelstück fest verbunden.

Abbildung 5

Unmittelbar hinter dem Hauptnutzraum befindet sich auf der linken Seite ein Toilettenraum, der vom Nutzraum aus zugänglich ist.

Rechts daneben, von rechts außen und von der Toilette aus zugänglich, ist ein Nutzraum (Gepäckraum) von ca. 1,4 m³ mit herausnehmbarem Zwischenboden angeordnet. 34

Das weitere Rumpfende ist durch eine Tür im Rumpfendspant 3 zugänglich und auf einem Laufsteg begehbar. 35

Am Rumpfende ist ein Notsporn vorgesehen, der bei Bruch des eigentlichen Spornes das Rumpfende vor Beschädigungen schützt. 36

Fahrwerk

Das feste Fahrgestell besteht aus zwei Hälften ohne durchgehende Achse. Es ist durch auswechselbare und gut schmierbare Kugelköpfe in Kugelpfannen mit Kugelschalen und Überwurfmuttern am Tragflächenmittelstück angebaut. 37

Abbildung 6 a

Eine leicht abnehmbare stromlinienförmige Verkleidung vermindert den Luftwiderstand. Auf Wunsch kann für steinige Flugplätze an der Verkleidung ein Schutzblech angebracht werden, das Beschädigung der Fläche und Landeklappe durch Steinschlag verhindert. 38

An der Rumpfendspitze ist eine gut abgefederte Spornrolle angebracht. 39

Abbildung 6 b

Fahrgestell

Jede Fahrgestellhälfte besteht aus: 40

einer Rohrgabelschwingachse mit Gabelstück und Anschlußflansch zur Aufnahme der Bremskraft;

einem Stoßdämpfer, der mit Ringfedern oder Öl-Luft arbeitet, je nach Wahl des Auftraggebers (siehe Abb. 7);

einer hinteren Strebe, die das Fahrwerk gegen das Tragflächenmittelstück abstützt;

einem 1100 x 375 mm Elektrogußrad mit Mitteldruckbereifung.

Bremsanlage

Die Bremsventile der Innenbacken-Druckluftbremsen werden mittels der Normalgashebel durch Zurücknehmen über die Leerlaufstellung betätigt. Während der Mittelgashebel gleichmäßiges Bremsen beider Lauträder bewirkt, kann durch den linken bzw. rechten Außengashebel ein Laufrad auf der zugehörigen Seite gebremst werden. 41

Der jeweilige Bremsdruck wird durch einen Doppeldruckmesser angezeigt. 42

Abbildung 7

Die zur Betätigung der Bremsen notwendige Druckluft wird einer 5-Ltr.-Druckluftflasche entnommen. Sie befindet sich im Führerraum vor dem rechten Führersitz und wird über einen Außenbordanschluß nachgefüllt. 43

Spornrolle

Das Spornrad aus Elektroguß, das auswechselbar in einer Elektrogußgabel auf einer feststehenden Stahlachse in Rollenlagern gelagert ist, hat eine Bereifung von 500 x 180 mm, die zur Ableitung elektrischer Aufladungen vom Flugzeugzelle leitend ist. 44

Ein Stoßdämpfer von der gleichen Bauart wie beim Fahrgestell findet Verwendung. 45

Die Spornrolle ist um 180° drehbar und in Flugrichtung am Boden feststellbar. 46

Für die Federstrebe ist ein Abfangseil vorgesehen, welches bei Bruch verhindert, daß das darüberliegende Leitwerk festgeklemmt wird. 47

Abbildung 8

Schwimmwerk

(nur im Bestellungsfalle als Wasser- bzw. Land-Wasserflugzeug)

Das Schwimmwerk besteht aus zwei Schwimmern von je 9500 Ltr. Wasserverdrängung und dem Schwimmergestell. 48

Das Schwimmwerk kann gegen das Fahrwerk leicht ausgewechselt werden, außerdem kann man die Schwimmer untereinander nach Wechsel der Knotenstücke austauschen. 49

Bei Verwendung eines Seerollgestelles, dessen Lieferung auf Wunsch des Auftraggebers erfolgt, werden hierfür an den Schwimmern besondere Beschläge sowie eine Heckrolle angebracht. Eine Austauschmöglichkeit der Schwimmer besteht dann nicht mehr. 50

Am Rumpfende ist ein Seehaltegriff angeordnet. 51

Schwimmer

Die beiden doppelt gekielten Leichtmetallblech-Schwimmer haben eine Stufe und werden durch Schottwände in mehrere wasserdichte Räume eingeteilt. (Siehe hierzu Abbildung 9) 52

Die abgeschotteten Räume sind durch große Mannlöcher, die durch einen aufgeschraubten Deckel wasserdicht verschlossen werden, zugänglich. In jedem 53

Mannlochdeckel ist eine kleine, leicht und wasserdicht verschließbare Öffnung zur Überprüfung der Schotträume vorhanden.

Zwischen Schwimmer-Spant 6 und 8, 10 und 13 sowie 18 und 21 befinden sich mit Holzrosten versehene Räume zur Unterbringung von Gepäck. 54

Der Grundanker wird im linken Schwimmer an Spant 12 untergebracht. 55

Im rechten Schwimmer ist quer zur Längsrichtung hinter Spant 10 ein wasserdicht verschließbarer Schacht eingebaut, der beiderseits außenbordseitig zugänglich ist und zur Unterbringung von Notproviant, Leuchtpistole sowie kleinerem Rettungsgerät dient. 56

Die Unterbringung des Ankergerätes und der Einbauort des Notschachtes kann nach Wunsch des Auftraggebers wahlweise verlegt werden. 57

Beschläge zum Festmachen von Leinen, sowie feste Halteleinen an den Seiten der Schwimmer sind angebracht. 58

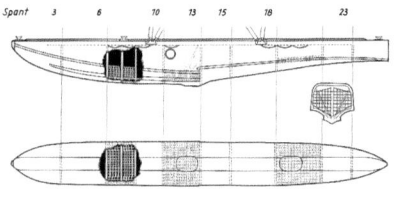

Spant 3 6 10 13 15 18 23

Abbildung 10

Schwimmergestell

Durch das in einer Längsebene mit Verspannungskabeln ausgekreuzte Schwimmergestell werden die Schwimmer nicht nur mit dem Tragflächenmittelstück, sondern auch mit den Außentragflächen verbunden. 59

Die Befestigung der Schwimmerstreben erfolgt in der gleichen Art wie bei dem Fahrgestell durch Kugelköpfe und Pfannen. 60

Die einzelnen Schwimmerstreben haben ein aerodynamisch günstiges Querschnittsprofil und sind daher nicht besonders verkleidet. 61

Die Knoten-Anschlußpunkte der Streben werden durch Abdeckbleche verkleidet. 62

d) Tragwerk

Das freitragende Tragwerk ist unterteilt in das Tragflächenmittelstück, das mit dem Rumpfmittelstück fest verbunden ist, sowie die Außentragflächen, die V-förmig am Mittelstück durch je acht leicht lösbare Kugelverschraubungen angeschlossen werden. 63

Das Tragwerk hat Trapezform. 64

Abbildung 11

Das Tragwerksgerüst wird aus drei Hauptträgern und einem Hilfsträger gebildet, deren Ober- und Untergurte aus Rohrholmen bestehen. Diese sind an den Unterteilungen miteinander verschraubt und durch mehrere Querverbände sowie Wellblech verbunden. (Siehe auch Abb. 11). 65

Zur Verankerung des Flugzeuges dienen unter den Tragflächen angebrachte Schäkel, zum An- und Abbau der Flächen drei versenkt angebrachte Heißpunkte auf der Flächenoberseite. 66

Das Tragwerk ist als Junkers-Doppelflügel nach dem Junkers-Patent ausgebildet, gekennzeichnet durch den feststehenden Hauptflügel und einen im Fluge verstellbaren hinteren Hilfsflügel. Der äußere Teil des Hilfsflügels wirkt hauptsächlich als Querruder und auch zusammen mit dem inneren Teil als Verstellklappe bei Start und Landung. 67

Die inneren Verstellklappen werden auf Wunsch zum Steinschlagschutz auf eine Länge von 2,2 m durch Glattblechversteifung verstärkt. 68

Im folgenden eine kurze Charakteristik des Junkers-Doppelflügels:

Bei **großen Geschwindigkeiten** geringe negative Anstellung des Hilfsflügels, Verhältnisse ähnlich wie bei guten normalen Profilen (bei kleinen Auftriebsbeiwerten geringe Widerstandsbeiwerte). 69

Bei **mittleren Geschwindigkeiten** günstige Gleitzahlen, erreicht durch kleine positive Anstellung bzw. Anstellung 0° des Hilfsflügels; bei dieser Anstellung maximale Auftriebsbeiwerte ungefähr wie bei guten normalen Profilen. 70

Für gute **Steigleistungen** (günstige Steigzahl) mittlere positive Anstellung des Hilfsflügels von ca. 10°. 71

Für den **Start** wesentliche Erhöhung des Auftriebsmaximums bei noch verhältnismäßig günstigen Widerstandsverhältnissen durch positive Anstellung des Hilfsflügels von ca. 25° bei Landflugzeugen und ca. 40° bei Wasserflugzeugen (Verkürzung der Startstrecke). 72

Für **Landung** große Anstellung des Hilfsflügels von ca. 40°. 73

Dadurch wird erreicht: 74

Erhöhung des Maximalauftriebes (ca. 30 % gegenüber guten normalen Profilen) und dementsprechende Verringerung der Landegeschwindigkeit (ca. 15 %).

Tragflächenmittelstück

Das Tragflächenmittelstück ragt über die Rumpfseitenwände hinaus, hat jedoch mit Rücksicht auf Eisenbahntransporte nur eine Breite von 3 m. 75

Die Tragflächen sind in der Rumpfebene, soweit nicht Blechwände vorhanden sind, und an den Durchführungen der Steuerungsstoßstangen, Gestänge und Leitungen, gegenüber dem Tragflächenmittelstück mit Stoff abgeschottet. 76

Außentragflächen

Das hintere Endstück der Außentragfläche ist, zwecks guter Zugänglichkeit zum Tragflächeninneren, über ca. 1/3 der Spannweite von der Flügelwurzel aus gerechnet, abnehmbar ausgebildet. 77

Außerdem sind über die ganze Unterseite der Außenfläche große rechteckige, abschraubbare Klappen (siehe auch unter Kraftstoffbehälter Bez.-Nr. 139) und kleinere runde Schauklappen, mit Kugelketten versehen, angebracht. 78

Die Teile der Tragfläche, die beim Tanken und zur Wartung der Seitenmotoren auf Stand begangen werden müssen, sind verstärkt. 79

An den Tragflächenenden sind an der Unterseite Öffnungen mit leicht abnehmbaren Deckeln vorgesehen, die einen Einbau der Landelichtkästen ermöglichen. 80

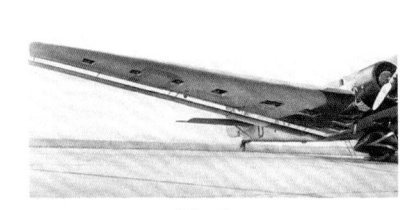

Abbildung 12

e) Leitwerk

Das Leitwerk ist als Doppelflügel-Leitwerk ausgebildet. 81

Die Ruder sind ausschließlich auf Kugellagern gelagert. 82

Feststellvorrichtungen für Höhen-, Seiten- und Querruder sind vorhanden. 83

Sämtliche Ruder haben Gewichtsausgleich und sind mit Bügelstreifen bzw. Trimmklappen versehen. 84

Die Querruder und Landeklappen sind mit schwenkbaren Lagern ausgerüstet. 85

Der Aufbau sämtlicher Leitwerksflächen ist gleich. Sie bestehen aus Rohrholmen (Stirnholmen bzw. Rohrholmträgern), Spanten und Wellblechbeplankung. 86

Höhenleitwerk

Die trapezförmige, unsymmetrische Höhenflosse ist auf der Oberseite des Rumpfendes in zwei Lagern befestigt und kann im Fluge durch eine hinter der Lagerung angebrachte Verstellspindel verstellt werden. 87

Die Höhenflosse ist fernerhin außen durch zwei Streben nach unten abgefangen (siehe auch Abbildung 13). 88

Das Höhenruder mit Außenausgleich ist in der Mitte unterteilt. 89

Das Höhenruder ist mit einer Trimmklappe ausgerüstet. 90

Abbildung 13

Seitenleitwerk

Das symmetrische Doppelflügel-Seitenleitwerk besteht aus der Seitenflosse, die auf dem Rumpfende gelagert ist, und dem Seitenruder. 91

Querruder

Doppelflügel-Ruder, etwa über 3/5 der Spannweite der Außenflügel reichend. 92

Das Querruder ist ebenfalls mit einer Trimmklappe ausgerüstet. 93

f) Steuerwerk

Anordnung

Vor den beiden Führersitzen ist je eine Steuersäule mit Handrad eingebaut. 94

Die Steuerstangen sowie die Welle zur Höhenflossenverstellung im Bereich der Nutzräume sind in einem leicht zugänglichen Steuerungskanal verlegt. 95

Steuerungsanschlüsse und sämtliche Verbindungsstellen sind durch Klappen gut zugänglich und nachprüfbar. 96

Betätigung

Für die Übertragung im Steuerwerk werden hauptsächlich Stoßstangen mit Pendelführung verwendet. Alle wichtigen Teile der Steuerung sind in Kugellagern gelagert. 97

Allgemeines

Sämtliche Pendelhebel sind ausgebuchst. 98

Die wichtigsten Lagerstellen der Steuerung sind mit Schmiernippeln versehen. 99

Querruderbetätigung

Mittels Handrad. Übertragung erfolgt durch Wellen, Stoßstangen mit Pendelführung und Winkelhebel. 100

Zur Verhütung von Schwingungen sind die Querruder-Stoßstangen in den Flächen mit Schwingungsdämpfern versehen. 101

Höhenruderbetätigung

Mittels Handrad und Steuersäule. Weitere Übertragung erfolgt durch Wellen, Stoßstangen und Umkehrhebel; im Rumpfende Seile mit Pendelführung und Stoßstangen (keine Rollen). 102

Seitenruderbetätigung

Hauptführersitz (links): Verstellbare Fußpedale. 103

Hilfsführersitz (rechts): Fußhebel mit Fußrasten (leicht herausnehmbar). 104

Übertragung auf Wellen, Stoßstangen, im Rumpfende Seile mit Pendelführung (keine Rollen). 105

Verstellung der Hilfsflügel

Durch Betätigung eines Handrades mit selbstsperrender Spindel, das rechts neben dem Hauptführersitz angeordnet ist. Hilfsflügel und Höhenflossenverstellung sind gekuppelt. Bei der Verstellung des Hilfsflügels wird die Höhenflosse automatisch mitverstellt. 106

Die jeweilige Normalstellung des Doppelflügels für Start, Landung, Steigen, Reiseflug und Zweimotorenflug ist auf einem Schild mit Zeiger besonders gekennzeichnet. 107

Die Anzeigevorrichtung ist links neben dem Hauptführersitz angeordnet und von beiden Führersitzen aus ablesbar. 108

Um bei angestelltem Hilfsflügel und bei Überschreitung der zulässigen Geschwindigkeit eine Gefährdung des Tragwerks zu vermeiden, ist eine Sicherung (Federpaket im Tragflächenmittelstück) eingeschaltet, die bewirkt, daß der Hilfsflügel durch den jeweiligen Staudruck in die für die Geschwindigkeit zulässige Anstellung zurückgeführt wird. 109

Seitenruderentlastung

Zum Ausgleich für die erforderlichen Seitenruderkräfte bei Ausfall eines Seitenmotors dient eine vom Führersitz aus zu erreichende regulierbare Seitenruderentlastung. 110

Abbildung 14

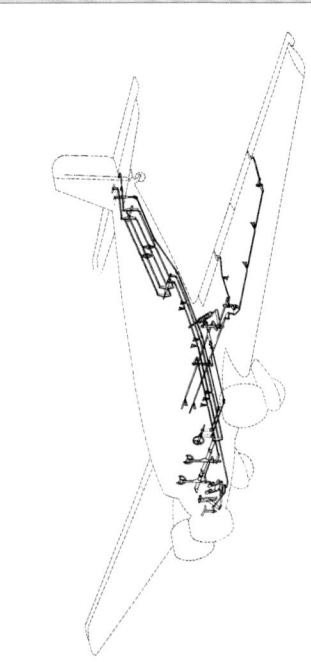

Höhenflossenverstellvorrichtung

Durch Betätigung des Handrades, das auch zur Verstellung des Hilfsflügels dient, rechts neben dem Hauptführersitz angeordnet. Das selbstsperrende Getriebe befindet sich unmittelbar an der Flosse. 111

Die Flosse kann demnach zur Austrimmung des Flugzeuges sowohl für sich allein als auch durch eine Kupplung mit dem Hilfsflügel zusammen verstellt werden. 112

Dokumentation

Triebwerk

Motoren

Zahl und Anordnung

Drei
Ein Motor in der Rumpfspitze
Ein Motor in jeder Außentragfläche vorn
Sicherung durch Motorfangseile. — 113

Hersteller

BMW Flugmotorenbau G. m. b. H., München. — 114

Typenbezeichnung

BMW 132 A (bzw. 132 E). — 115

9-Zylinder luftgekühlter, nicht untersetzter Vergaser-Sternmotor
Verdichtung 1 : 6
Gebläseübersetzung 1 : 10. — 116

Leistung

N = 660 PS in 915 m Gleichdruckhöhe (650 PS in 0m)
n = 2050 U/min (2000 U/min). — 117

Auf Wunsch ist der Einbau anderer Sternmotoren gleicher oder größerer Leistung möglich. Auch untersetzte Sternmotoren können eingebaut werden. In diesen Fällen ist jedoch Rückfrage bei dem Flugzeughersteller erforderlich. — 118

Betriebsstoff

Kraftstoff mit einem Oktanwert von 87 (80)
Schmierstoff nach Angabe des Motorherstellers. — 119

Luftschrauben

2-flügl. feste Metall-Zugschrauben, Junkers Ju PAK mit einem Durchmesser von 2,9 m. Spezialnaben für Junkers Metallschrauben, Luftschraubenblätter aus Dural, im Stand einstellbar. — 120

Auf Sonderwunsch ist die Verwendung von im Fluge verstellbaren Luftschrauben möglich. — 121

Motorräume

Motorvorbauten (siehe auch Abb. 16)

In der Rumpfspitze und in der Flügelnase der Außentragflächen befinden sich abnehmbare, elastische Motorvorbauten. — 122

Sie setzen sich zusammen aus dem Motorbefestigungsring, der durch sechs elastische Rohrstreben mit dem Brandschott verbunden ist, sowie einem starren Rohrstrebensystem zwischen Brandschott und einem rechteckigen Rohrrahmen, dessen Ecken durch Kugelverschraubungen mit dem Rumpf bzw. dem Flügel verbunden sind. — 123

Motorraumverkleidungen

Durch große, leicht abnehmbare Klappen sind die Motorräume gut zugänglich und prüfbar. — 124

Die für die Befestigung der Verkleidungsbleche verwendeten Schnellverschlüsse sind so ausgebildet, daß ein unbeabsichtigtes Öffnen der Verschlüsse unmöglich ist. Die Schließstellungen sind besonders gekennzeichnet. — 125

Sämtliche Motorräume vor dem Brandschott sind gut entlüftet. Für gute Ableitung von Leckbetriebsstoff ist Sorge getragen. — 126

Am Mittelmotorvorbau sind rechts seitlich Eintritte und oben Handgriffe zur Wartung des Motors auf Stand bzw. zum Anlassen von Hand angebracht. — 127

Brandschotte

Jeder Motorvorbau ist durch einen Brandschott, bestehend aus Asbestgewebe mit beiderseitiger Duralblechverkleidung, gegen den Rumpf bzw. gegen die Tragflächen abgeschlossen. — 128

Motorverkleidung

Die Motorvorbauten der drei Motoren sind vollständig verkleidet. — 129

Abbildung 16

Der Mittelmotor ist mit Townendring ausgerüstet. — 130

Die beiden Seitenmotoren haben Strömungsringe ähnlich den NACA-Verkleidungen. — 131

Für die aufgeklappten Strömungsringe sind Haltestützen vorgesehen. — 132

Die gesamte Motorenverkleidung ist so ausgebildet, daß eine gute Wartungsmöglichkeit der Motoren gewährleistet ist. — 133

An den Seitenmotorenverkleidungen sind Gleichlaufspiegel angebracht. — 134

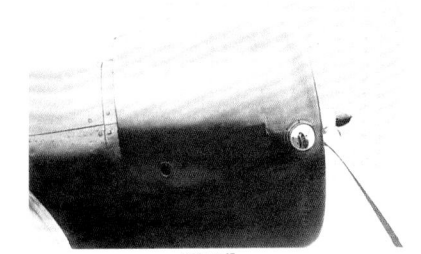

Abbildung 17

Kraftstoffanlage

Die Kraftstoffbehälter sind aus Aluminium oder Pantal, die Kraftstoffleitungen aus Kupferrohr hergestellt. — 135

Als Anschlußleitungen an den Behältern und zwischen Motor und Brandschott werden elastische Sicherheitsschläuche verwendet. — 136

Die Entlüftungsleitungen bestehen aus Aluminiumrohr mit Sonderverschraubungen und Sicherheitsschläuchen als Anschlußleitungen an den Behältern. — 137

Die Lüftung und Ableitung von Leckbetriebsstoffen erfolgt für die Behälterräume durch Entlüftungspfeifen und Ablauflöcher. — 138

Behälter

In den Außentragflächen rechts und links sind eingebaut: — 139

```
je 2 Behälter à 215 Ltr. = 860 Ltr.
   " 2    "     175  "  =  700  "
   " 2    "     135  "  =  540  "
   " 1    "     150  "  =  300  "
   1 Fallbehälter
     im Führerraum     =   50
                        ─────────
                        2450 Ltr.
```

Der Fallbehälter kann auf Wunsch weggelassen werden. — 140

Die Tragflächenbehälter sind am Stand einzeln absperrbar. — 141

Die Behälterlagerungen der 215 Ltr.-Behälter sind auch für die 175 Ltr.-Behälter passend. — 142

Die Behälter sind mit dem Flugzeug metallisch verbunden, die Behälterbänder sind außerdem durch besondere Fangbänder gesichert. — 143

Die Kraftstoffbehälter in den Tragflächen sind nach unten durch große Klappen ausbaubar. — 144

Die Kraftstoffinhaltsanzeige der beiden Tragflächenbehältergruppen erfolgt durch Schwimmeruhren, die sich in den Domen der Seitenmotoren befinden, und zusätzlich auf Wunsch durch ein elektrisch wirkendes Anzeigegerät, das am Instrumentenbrett untergebracht ist. — 145

Der Inhalt des Fallbehälters wird an Skalen abgelesen, die sich in Schaugläsern zu beiden Seiten des Behälters befinden. — 146

Zum Füllen der Behälter ist je ein Schnelleingufs mit Schnellverschluß für jede Behältergruppe an der Tragflächenoberseite angebracht. — 147

Je ein Schnellablaßventil für jede Behältergruppe, die beide vom Führerraum aus gemeinsam oder getrennt betätigt werden können, ist in die Tragflächen eingebaut. — 148

Der Brennstoffablaß ist so ausgebildet, daß ca. 600 Ltr. in 1 Min. je Seite abgelassen werden können. — 149

Je eine motorangetriebene Juma-Kraftstoffpumpe mit unmittelbar davorgeschaltetem Filter an jedem Motor bewirkt die Kraftstoffzuführung. Die Kraftstoffpumpe befindet sich hinter dem Brandschott und wird vom Motor mittels Ferntrieb angetrieben. — 150

Kraftstoff-Förderung

Die Kraftstoff-Förderung beim Anlassen erfolgt durch eine im Führerraum befindliche Handpumpe zum Fallbehälter und von da durch natürliches Gefälle zu der Einspritzpumpe und weiter zu den Vergasern. — 151

Im Fluge erfolgt die Kraftstoff-Förderung durch drei motorangetriebene Pumpen. — 152

Bei Ausfall einer oder aller Kraftstoffmotorpumpen kann die Kraftstoff-Förderung von der Handpumpe aus über den Fallbehälter erfolgen. — 153

Zum leichteren Anlassen der Motoren ist eine Sum-Einspritzpumpe mit Verteilerschalter und Absperrhahn in der Einspritzsaugleitung vorgesehen. — 154

Zur Überprüfung der Kraftstoff-Förderung ist für jeden Motor ein Druckmesser vorhanden. — 155

e) Schmierstoffanlage

Jeder Motor ist mit einer eigenen Schmierstoffanlage ausgerüstet. — 156

Die Schmierstoffbehälter sind aus Aluminium oder Elektron hergestellt. — 157

Als Schmierstoffkühler werden Junkers-Röhrenkühler verwendet. — 158

Durch eine am Motor befindliche Pumpe wird der Schmierstoff in Umlauf gebracht. — 159

Die Schmierstoffleitungen sind aus Stahlrohr, als Anschlußleitungen dienen elastische Sicherheitsschläuche. — 160

Die Entlüftungsleitungen sind aus Aluminiumrohr mit Sonderverschraubungen. Als Anschlußleitungen werden elastische Sicherheitsschläuche verwendet. — 161

In jeder Schmierstoffzulaufleitung befindet sich ein Absperrhahn, der mit dem Kraftstoffbrandventil gekuppelt ist. — 162

Oberhalb des Austritts der Motorzulaufleitung aus den Behältern ist eine Einrichtung gegen Wirbelbildung bei niedrigem Schmierstoffstand angebracht. — 163

Behälter

Jeder Motor hat einen Schmierstoffbehälter von 76 Ltr. Fassungsvermögen (Inhalt ca. 68 Ltr.), der hinter dem Brandschott angeordnet ist. Die Behälter lassen sich leicht ein- und ausbauen. — 164

An jedem Schmierstoffbehälter ist eine Eingußverschraubung mit Schnellverschluß vorgesehen, die so ausgebildet ist, daß ein Tauchsieder zur Ölvorwärmung eingeführt werden kann. — 165

Jeder Behälter ist mit einem von außen bedienbaren Sum-Schnellablaßventil und mit nach außen führender Ablaßleitung versehen. — 166

Die Inhaltsanzeige der Behälter (von 30 Ltr. abwärts Warnanzeige) ist vom Führerraum aus sichtbar. Außerdem erhalten die Ölstandanzeiger eine Marke, die den vorgeschriebenen Mindestinhalt der Ölbehälter von 20 Ltr. in Fluglage zeigt. Ein fest eingebauter Meßstab zeigt den Behälterinhalt in Spornlage bei geöffneter Öleinfüllung. — 167

Kühler

Für jeden Motor sind zwei Junkers-Röhrenkühler vorgesehen. Der Einbau von je einem weiteren Junkers-Röhrenkühler für Tropenbetrieb ist möglich. — 168

Der Rücklaufschmierstoff kann zwecks Temperaturregelung durch einen vom Führersitz aus zu betätigenden Einstellhahn ganz oder teilweise über die Kühler geleitet werden. Um eine Gefährdung der Kühlanlage bei Verstopfung der Kühler durch kalten, verdickten Schmierstoff zu verhüten, ist eine Kühler-Umgehungsleitung mit Überdruckventil eingebaut. — 169

Die Anzeige der Ölförderungen erfolgt durch Druckmesser, die Messung der Öltemperaturen durch Fernthermometer im Ölsumpf und unmittelbar vor dem Eintritt des Öles in den Motor. — 170

f) Bedienanlage

Auf dem Instrumententisch ist der Gashebelkasten angebracht, der bei Höhenmotoren eine Begrenzung besitzt und das volle Öffnen der Vergaserdrosselklappe bis zur vorgeschriebenen Flughöhe verhindert. — 171

Die Länge des mittleren Gashebels ist so bemessen, daß ein leichtes gemeinsames Betätigen sämtlicher drei Gashebel möglich ist. — 172

Der Regulierweg ist entsprechend groß gehalten. — 173

Die Vergaserbetätigungshebel an den Motoren sind mit Aufziehfedern versehen, die das selbsttätige Schließen der Drossel bei Gestängebruch verhindern. — 174

Die Betätigung der Ölkühler-Absperrhähne erfolgt im Führerraum durch am Instrumentenbrett befindliche Dural-Handräder mit Stahlspindeln, die Betätigung der Schalt- und Kraftstoffventile bzw. Hähne durch Duralhebel bzw. Leichtmetallgriffe. — 175

Die Fernleitungen der Betätigungen bestehen aus Dural-Stoßstangen, Stahlzwischenhebeln, Stahl- und Duralwellen mit Gabelköpfen aus Stahl. — 176

An den Anschlußstellen der Gestänge sind Prüflöcher zur Kontrolle der Einschraubtiefe der Bolzen angebracht. — 177

Das Gestänge für Normal- und Höhengas ist vor dem Brandschott aus Stahlrohr angefertigt. 178

g) Zündanlage

Die Zündzeitpunktverstellung erfolgt auf elektrischem Wege. 179

Für die elektrische Zündzeitpunktverstellung ist ein Betriebsmagnetschalter vorgesehen. 180

Die Zündanlage-Leitungen sind von der übrigen elektrischen Anlage und deren Leitungen abgeschirmt und in besonderen Kabelrohren bzw. Schächten verlegt. 181

Jeder Motor ist mit einer Summer-Anlaßvorrichtung „Bosch" mit 24 Volt Betriebsspannung mit einem Summer und einer Zündspule ausgerüstet. 182

Die Einschaltung der Summer-Anlaßvorrichtung erfolgt durch Schleppschalter, die mit der Einspurvorrichtung der Eclipse-Anlasser gekuppelt sind. 183

h) Anlaßanlage

Das Anlassen der Motoren erfolgt durch Eclipse-Schwungkraftanlasser mit elektrischer oder Handbedienung. 184

Die Eclipse-Anlassanlage wird getrennt für jeden Motor durch einen Griff im Führerraum betätigt und ist durch eine gefederte Schutzkappe und Warnschild gesichert. 185

Die vom Instrumententisch aus elektrisch betätigte Einspurvorrichtung ist mit der Summerzündanlage gekuppelt, sodaß im Augenblick des Einspurens die Zündanlage eingeschaltet wird. Zusätzliche Kontrolle der Starteranlage durch eine Kontrollampe. 186

Zum Handanlassen wird eine Kurbel verwendet, die auf einer fest angebrachten Welle an allen drei Motoren aufgesteckt wird. 187

Eine mechanische von Hand bedienbare Einspurvorrichtung ist an den Motorvorbauten eingebaut. 188

An der rechten Außenwand des Rumpfes oberhalb der Auslaufkante des Tragflächenmittelstückes ist ein Steckenschluß angebracht, um die elektrische Eclipse-Anlaßanlage auch von Außenbord mit Strom versorgen zu können. 189

i) Abgasanlage

Die Abgas-Sammelrohre sind hinter den Motoren an den Motortragringen elastisch gelagert. Sie sind aus zunderfestem, hitzebeständigem Material hergestellt. 190

Bei den Seitenmotoren werden die Abgase durch zwei an den Sammelringen tangential angeschlossene Sammelrohre kurz nach Austritt aus dem Strömungsring ins Freie geführt. 191

Die Sammelrohre des Mittelmotors liegen unter dem Motorvorbau in Mulden, die in die Motorvorbauverkleidung eingelassen sind. 192

Je ein Heizrohr für die Vergaservorwärmung ist durch eine Umgehungsleitung ausschaltbar. 193

Über die Sammelrohre des Mittelmotors sind Heizungsrohre geschoben, in denen von den Zylinderleitblechen aus zugeführte Frischluft erwärmt wird. Die angewärmte Frischluft wird dem Fluggastraum zugeführt. 194

III. Ausrüstung

a) Elektrische Anlage

Allgemeines

Das elektrische Bordnetz besteht aus einer 24 Volt-Anlage.

Die Leitungen sind 2-polig verlegt; zur Verwendung gelangt hochbiegfähiges Flugzeugspezialkabel.

Die Leitungsverlegung erfolgt in Aluminiumkanälen bzw. -rohren; soweit dies nicht möglich ist, wird Lack-Schlauch verwendet.

Stromversorgung und -verteilung

Die Stromversorgung erfolgt über kurze, abgeschirmte Leitungen durch einen motorangetriebenen Gleichstromgenerator Bosch 24 Volt 600 Watt bzw. bei großem Stromverbrauch auf besonderen Wunsch 1200 Watt.

Der Regler und die Entstördosen sind am Brandschott getrennt angebracht.

Eine Akkumulatorenbatterie von 2 × 12 = 24 Volt mit 48 Ah ist im Nutzraum unter dem Fußboden vor Träger 1 untergebracht und durch eine Klappe von der Kabine aus zugänglich.

Ein Außenbordanschluß ist an der rechten Außenwand des Rumpfes oberhalb des Auslaufkantes des Tragflächenmittelstückes, mit einem 2-poligen Schalter vom Führerraum aus bedienbar, vorhanden. Er gestattet eine Umschaltung vom Bordnetz auf eine fremde Stromquelle außenbords zum Starten bzw. zum Aufladen der Bordbatterie.

Die Stromverteilung und Absicherung der einzelnen Stromkreise erfolgt hauptsächlich an der Schalttafel mit Verteilerkasten. Zwischenverteilungen an einzelnen Stellen sind vorhanden.

Die Schalttafel ist hinter dem rechten Führersitz an Spant 3 oben angeordnet.

Neben der Schalttafel befinden sich noch weitere Ersatzsicherungsleisten.

Die Schalttafel ist mit einem Voltmeter — Meßbereich bis 40 Volt — versehen.

Neben der Schalttafel ist ein Ampèremeter angeordnet.

An der rechten Führerraumseitenwand befindet sich ein Ferntrennschalter, zulässig für 50 Amp. Belastung.

Das Ausschalten des Trennschalters erfolgt elektrisch durch Netzschalter vom Instrumententisch aus, das Einschalten dagegen mechanisch direkt am Trennschalter.

Unter dem Ferntrennschalter ist eine Ersatzsicherungsleiste mit Sicherungen befestigt.

Die Verlegung der Kabel im Führerraum und im Hauptnutzraum erfolgt zunächst in Kabelkanälen vom Verteilerkasten aus.

Von den Kabelkanälen führen dann Stichleitungen zu den einzelnen Verbrauchsstellen.

Stromverbraucher

Äußere Beleuchtung:

Die Kennlichter sind nach behördlich herausgegebenen Richtlinien der deutschen Luftfahrt angebracht und sind gegen Eindringen von Spritz- und Regenwasser geschützt. 217

Rechts und links außenbords des Führerraums sind zwei Lampen angebracht, die die Luftschrauben anstrahlen, um bei Dunkelheit den Lauf derselben in den Gleichlaufspiegeln beobachten zu können. 218

In der linken Tragfläche befindet sich ein ausschwenkbarer 400 Watt-Scheinwerfer mit mechanischer Betätigung vom Führerraum aus. 219

Zwei Landelichter in einem Landelichtschacht sind in die linke Tragfläche versenkt eingebaut. Sie werden vom Führerraum aus elektrisch ausgeschwenkt und entzünden sich während des Ausschwenkens mechanisch. 220

Führerraum:

Das Instrumentenbrett wird mit ultraviolettem Licht angestrahlt. Diese Beleuchtung ist blendungsfrei und vermeidet eine Leuchtwirkung nach außen. 221

Ferner sind drei Einzelleuchten für die Instrumente als Zusatz- oder Ersatzbeleuchtung vorgesehen. Diese Lampen sind jede für sich abschalt- bzw. verdunkelbar. Eine allgemeine Raumbeleuchtung und eine Handlampe mit Anschluß ist vorgesehen. 222

Die Inhaltsanzeigen des Kraftstoff-Falltanks sind durch Einzellampen beleuchtet. 223

Außerdem sind an das Bordnetz angeschlossen: 224
  Eine elektrische Kraftstoffinhaltsanzeige (nur bei Einbau einer elektrischen Kraftstoffmengenmessung)
  Elektr. Düsenheizung mit Kontrollanzeige
  Elektr. Anzeigegerät für Außenluft
  Elektr. Kurskreisstützung (Heizung nur auf Wunsch).

Vom Bordnetz unabhängig sind die elektrische Drehzahlmessung und die auf Wunsch einzubauende Zylinder-Temperatur-Meßanlage für die Zylinder 3 und 5. 225

Nutzraum:

Im Fluggastraum ist die Deckenbeleuchtung durch fünf Einzellampen oder als Längsstreifen in der Mitte der Decke ausgebildet. 226

Über jedem Sessel sind in die Wände eingelassene Leselampen angebracht, die herausgeklappt werden können. 227

In den Raucher- und Nichtraucherabteilen sind Leuchtschilder „Bitte anschnallen" angeordnet. 228

Im Raucherabteil sind an der rechten und linken Bordwand je ein elektrischer Zigarrenanzünder angebracht. 229

Für den Gepäckraum und die Toilette ist Deckenbeleuchtung und Steckdosenanschluß vorgesehen. 230

Zünd- und Anlaßanlage siehe unter Triebwerk.

Die Anlagen sind im einzelnen aus den beigefügten Schaltplänen ersichtlich. 231

FT-Anlage

Zum Einbau gelangt bei der Standardausführung: 232
  eine 20-Watt-Langwellen-Kleinstation der Firma Telefunken oder Lorenz,
  eine Zielflugpeilanlage der Firma Telefunken,
  eine Blindlandeanlage (Bake) der Firma Telefunken oder Lorenz.

Die FT-Station und die Zielflugpeilanlage mit der Blindlandeanlage werden je mit einem Umformer aus dem allgemeinen Bordnetz mit Strom versorgt. 233

Der 20-Watt-FT-Empfänger und Fernantrieb für den Sender, das Zielflugbediengerät und der Rahmenantrieb sind unterhalb des Instrumententisches angebracht und werden von einem Sitz aus zwischen den beiden Führersitzen bedient. 234

Haspel und Antennenschacht befinden sich an der rechten Seitenwand, FT-Taste am Bedienteil. Der Sender und der Relaiskasten sind im FT-Schott unter dem rechten Führersitz, der Zielflugempfänger unter dem linken vorderen Sitz im Raucherabteil untergebracht. 235

Die Geräte der Blindlandeanlage sind im Oberfeld des Spantes 3, vom Kabinensitz aus zugänglich und gut verkleidet, eingebaut. 236

Eine 2-Draht-Festantenne ist von einem hinter dem Führerraum auf dem Rumpf verankerten Mast zur Seitenflosse gespannt. 237

Der Einbau von anderen FT-Anlagen deutscher und ausländischer Herkunft ist möglich. In diesem Falle sind jedoch Rückfragen beim Flugzeughersteller notwendig. 238

b) Ausrüstung der Arbeits- und Nutzräume

1. Führerraum

Der vollständig überdachte Führerraum ist für drei Mann Besatzung vorgesehen. Der Zugang zum Führerraum erfolgt von dem Fluggastraum aus durch eine gut abdichtende Tür. 239

Eine zugluftfreie, absperrbare Belüftungseinrichtung und eine Frischluftbefächung für vordere Sichtscheiben sowie eine regelbare Warmluftheizung sind eingebaut. 240

Halterungen für Sauerstoffgerät sowie Kartentasche sind vorhanden. 241

Überdachung

Die Führerraumüberdachung aus antimagnetischem Material gewährleistet für beide Führer ausreichende Sicht.

Die vorderen Sichtscheiben bestehen aus Verbundglas, die seitlichen Schiebefenster aus Sekurit, die übrigen aus Plexiglas.

Die oberen rückwärtigen Scheiben sind als Schiebefenster ausgebildet.

Zum Schutz gegen Sonnenbestrahlung sind die oberen Scheiben mit Schiebegardinen versehen.

Sitze

Im Führerraum befinden sich zwei verstellbare mit Anschnallgurten versehene Sitze für den 1. und 2. Führer. Zwischen diesen beiden Sitzen ist ein klappbarer Sitz mit leicht abnehmbarem Rückenlehnengurt für den Funker vorhanden.

Die beiden Führersitze sind so ausgebildet, daß die Verwendung von Sitzfallschirmen möglich ist.

Instrumente und Bedienungsvorrichtungen

Das dreiteilige Instrumentenbrett ist vollständig elastisch gelagert und schwingungsfrei eingebaut.

Gute Zugänglichkeit zu den Instrumenten und Bedienungsvorrichtungen ist gewährleistet.

In Kompaßnähe ist die Verwendung magnetischer Baustoffe vermieden.

Die eingebauten Instrumente sind in der Instrumentenübersicht (Seite 43 und 44) aufgeführt.

Instrumente Ju 52/3m

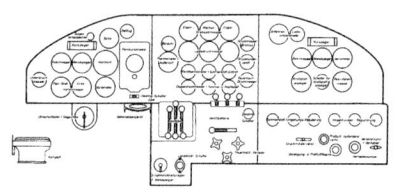

Abbildung 18

Abbildung 19

2. Raumaufteilung

An den Führerraum schließt sich der Fluggastraum an, der am Rumpfmittelstückspant 4a durch eine herausnehmbare hölzerne Wand in zwei Abteile unterteilt wird. In der Zwischenwand ist ein Durchgang, der durch einen zweiteiligen Vorhang geschlossen werden kann.	252
Der vordere Raum ist als Raucherabteil ausgebildet, der hintere als Nichtraucherabteil.	253
An den Fluggastraum anschließend ist links eine Toilette vorgesehen, welche durch eine Tür zugänglich ist.	254
Rechts neben der Toilette befindet sich zwischen Rumpfspant 8 und Rumpfendspant 2 ein Gepäckraum von 1,4 m³ Inhalt, der von der Toilette aus durch eine Verbindungsklappe und von der rechten Rumpfaußenwand durch eine Außentür zugänglich ist. Auf Sonderwunsch ist bis Rumpfendspant 4 eine Erweiterung des Gepäckraumes möglich. Bei Wassermaschinen reicht der Gepäckraum bis Rumpfendspant 3.	255
Ein Kleiderschrank für die Besatzung ist bei der Landmaschine zwischen Rumpfendspant 2 und 3 oberhalb der Steuerungsverkleidung untergebracht. Er ist durch eine Tür von außen zugänglich.	256
Außerdem sind noch drei Gepäckräume bzw. vier bei Wassermaschinen im Tragflächenmittelstück unter dem Nutzraumfußboden vorhanden, die von außen, bei Wassermaschinen von innen, zugänglich sind.	257

Türen und Öffnungen

Der Fluggastraum ist durch eine abwerfbare Einsteigtür auf der linken Seite zwischen Rumpfspant 7 und 8 zugänglich. Auf Wunsch kann auf der rechten Seite zwischen Spant 3 und 4 ebenfalls eine kleinere Einsteigtür eingebaut werden.	258
Außerdem befindet sich eine Außentür zum Gepäckraum zwischen Rumpfendspant 1 und 2.	259
Die Einsteigleiter ist unterhalb der Einsteigtür in den Rumpf eingeschoben.	260
Bei Wassermaschinen ist der Einbau je einer zusätzlichen Tür auf der rechten und linken Seite zwischen Spant 3 und 4 oder hinten zwischen Spant 7 und 8 vorgesehen.	261
Die geöffneten Außentüren können durch Festhaltevorrichtungen, die versenkt in die Rumpfseitenwand eingelassen sind, gehalten werden.	262
Die Gepäckräume unter dem Fußboden sind durch Klappen unter dem Rumpf, bei Wassermaschinen durch Ladeklappen im Fußboden zugänglich.	263
Sämtliche Türen und Ladeklappen sind mit Ösen für Zollplomben versehen. Die Türschloßgriffe sind mit einem Schutzbügel gegen unbeabsichtigtes Öffnen gesichert.	264

Fenster

Der Fluggastraum ist mit sieben Fenstern auf der rechten und sechs und einem Fenster in der Tür auf der linken Seite ausgestattet.	265
Je ein Fenster rechts und links vorn und ein Fenster rechts hinten sind als Kurbelfenster ausgebildet, während je ein Fenster rechts und links zwischen Spant 6 und 7 abwerfbar ausgeführt ist. Die restlichen Fenster sind fest eingebaut.	266
Die fest eingebauten und abwerfbaren Fenster sind aus Plexiglas hergestellt; für die Kurbelfenster findet Sekurit Verwendung.	267
Im Flugbetrieb können die Kurbelfenster 100 mm weit geöffnet werden.	268
Nur im Falle der Gefahr werden die Kurbelfenster nach Auslösen eines Sicherungsstiftes ganz heruntergekurbelt und dienen dann als Notausgang.	269
Die Toilette hat ein rundes Fenster aus Plexiglas in der Rumpfaußenwand.	270

Sitze

Im vorderen Abteil des Fluggastraumes, dem Raucherabteil, befinden sich rechts und links je zwei gegenüberstehende, teilweise zusammenklappbare Sessel mit bequemen Rücken- und Armlehnen.	271
Im hinteren Fluggastraumabteil, dem Nichtraucherabteil, befinden sich elf Sitzgelegenheiten, bestehend aus: 8 verstellbaren, gepolsterten NKF-Sesseln, 1 zweisitzigen, gepolsterten Sitzbank, 1 Notsitz, aus der Bank herausziehbar.	272
Alle Sessel, Sitzbank und Notsitz sind mit Stoff überzogen, dessen Farbe der der Wandverkleidung angepaßt ist. Auf Wunsch ist es jedoch auch möglich, statt des Stoffüberzuges Leder zu verwenden.	273
An der Verkleidung der Sesselrückenlehnen ist eine Tasche zur Aufnahme von Speitüten vorgesehen, darunter eine Tasche zur Unterbringung von Zeitungen, Handtaschen usw. Für die Sitze des Raucherabteils und für die vordersten Sitze des Nichtraucherabteils sind Taschen in die Seitenwände eingearbeitet.	274
Sämtliche Sitzgelegenheiten erhalten Anschnallgurte.	275
Abweichend von der Standardausführung, vor allem bei Verwendung als Wassermaschine, kann der Fluggastraum durchgehend, d. h. ohne Trennwand ausgestaltet werden. Zwölf Sessel und Sitzbank mit Notsitz werden in Flugrichtung aufgestellt.	276

Fluggastraumausstattung

Die Wandverkleidung und die runde Decke des Fluggastraumes besteht aus leichten, durch Sperrholzrahmen verstärkten, gelochten Sperrholzplatten, welche auf der Innenseite mit Stoff, auf der Außenseite zur Schalldämpfung mit Kalmuc beklebt sind.	277

Bei Wassermaschinen besteht die Wandverkleidung wegen Korrosionsbeständigkeit aus gehämmertem Elektronblech. Es sind Klappen zur Unterbringung von Schwimmwesten vorgesehen.	278
Der Sockel der Wandverkleidung ist mit einem ca. 300 mm hohen dunklen Masonitstreifen versehen.	279
Der Fußboden ist mit Korklinoleum belegt.	280
Die Türen vom Fluggastraum zum Führerraum und zur Toilette sind aus Holz und mit Stoff beklebt.	281
An der Haupt-Einsteigtür innen sind Druckknöpfe zur Befestigung des Streckenschildes angebracht.	282
Der am Fußboden befestigte Teppich ist ohne Entfernen der Sessel herausnehmbar. Er ist dreiteilig ausgeführt und reicht bis zur Einsteigtür.	283

Abbildung 20

In dem als Raucherabteil ausgebildeten vorderen Fluggastraum sind an der Wand zwischen den Sitzen umlegbare Tischchen, abnehmbare Aschenbecher und elektrische, feuersichere Anzünder angebracht, die so ausgebildet sind, daß ein unbeabsichtigtes Einschalten nicht möglich ist.	284
Im Nichtraucherabteil ist links und rechts an der Trennwand vor jedem Sessel je ein Tischchen angebracht.	285
Über den Sitzen befinden sich durchgehende Gepäcknetze, an denen pro Sitz ein Kleiderhaken vorgesehen ist.	286

Sechs Haltevorrichtungen zur Anbringung von Sauerstoffgeräten sind vorgesehen, davon zwei im vorderen und vier im hinteren Abteil.	287
An den Fenstern sind Schiebegardinen vorhanden.	288
Als Fluggastrauminstrumente werden je Abteil vorn über den Türen ein Fluggastraum-Thermometer, ein Fluggastraum-Höhenmesser 0—5000 m, sowie Leuchtschild "Bitte anschnallen" und das "Raucher"- bzw. "Nichtraucher"-Schild in einem gemeinsamen mit Stoff beklebten Holzrahmen versenkt angeordnet.	289
In der Rückwand der Fluggastraum-Trennwand ist ein Hydronaliumrohrrahmen zur Aufnahme der Streckenkarte angebracht.	290
Ein Ohrenwattebehälter ist vorhanden.	291

Beleuchtung

Im Fluggastraum ist eine direkte Deckenbeleuchtung in der Mitte der Decke vorgesehen. Im übrigen siehe „Elektrische Anlagen".	292

Heizung und Lüftung

Zur Beheizung des Fluggastraumes ist eine geruchfreie Warmluftheizung vorgesehen. Sie ist an die beiden Auspuffsammelrohre des Mittelmotors angeschlossen und unter dem Fußboden verlegt (siehe auch Nr. 194).	293
Die vom Fluggastraum aus regulierbare Heizung ist ausreichend für eine Erwärmung bis zu 30° über Außentemperatur.	294
Die auf dem Fluggastraum-Fußboden verteilten Heizdüsen sind mit Ausnahme der beiden hinteren Düsen verschließbar.	295
Ein Außenbordanschluß zum Aufheizen der Kabine auf Stand ist vorhanden.	296
Der Fluggastraum ist gegen das Rumpfende einschließlich Toilettenraum zugdicht abgeschottet und hat Allgemein- und Einzelbelüftung.	297
Die vom hinteren Fluggastraum aus regulierbare allgemeine Belüftungsanlage ist so abgestimmt, daß die Belüftung im gesamten Fluggastraum gleichmäßig erfolgt.	298
Das vordere Kabinenabteil ist mit einer verstellbaren Entlüftung versehen.	299
Die für die Fluggäste einzeln vorgesehene Belüftung erfolgt durch besondere Schläuche neben den Sesseln.	300

Toilettenraum

Der mit Wascheinrichtung ausgestattete Toilettenraum ist vom hinteren Fluggastraum aus durch eine Tür zugänglich. Er ist mit Glattblech verkleidet. 301

Die Einrichtung besteht aus: leicht herausnehmbarem, gut entlüftetem Eimer mit Brille und Deckel, Kästchen für Papier, Wascheinrichtung mit Seifenspender, Spiegel, je ein Behälter für saubere und gebrauchte Handtücher, Trinkbecher-Automaten, Wasserflasche mit Halterung. 302

In der Toilette ist ein Handgriff für Luftkranke und ein dreiteiliger Kleiderhaken angebracht. 303

c) Sicherheitseinrichtungen

In der linken Seite des Tragflächenmittelstückes ist ein Tetra-Chlorkohlenstoff-Feuerlöscher gut zugänglich fest eingebaut. 304

Außerdem befinden sich zwei Handfeuerlöscher in den Nutzräumen. 305

Zwei Sanitätspäckchen sind im Toilettenraum untergebracht. 306

Für sämtliche Insassen sind Anschnallgurte vorhanden. 307

Brandschotte siehe Nr. 128. 308

Betätigung für elektrischen Ferntrennschalter im Führerraum. 309

Kraftstoff-Brandventile vom Führerraum aus zu betätigen. 310

Behälter-Schnellablaß im Führerraum zu bedienen. 311

Auf Wunsch kann eine Sauerstoff-Höhenatmungsanlage für Besatzung und Fluggäste eingebaut werden. 312

d) Betriebshilfsgerät

Das Bord- und Stationsgerät besteht aus Sonderwerkzeugen für Aufbau und Wartung des Flugzeuges. 313

Das Betriebshilfsgerät enthält u. a. Heißstropps zum Anheben des ganzen Flugzeuges, sowie Aufbockträger, ein Satz Grätings zum leichteren Begehen des Tragflächenmittelstücks; außerdem eine Vorrichtung zum Prüfen des Klappendrehmomentes und eine zusammenklappbare Leichttoilleter zur Wartung der Motoren. 314

Für die Sessel sind Schutzbezüge in der Farbe der Sessel ausgeführt. 315

e) Instrumentenübersicht

Instrumente zur Flugüberwachung und Navigation 316

Anzahl	Instrumente	Hersteller	Einbauort
2	Fahrtmesser mit 1 Staurohr, heizbar und regensicher	Askania oder Bruhn	Instrumentenbrett vor linker Tragfläche
2	Grob-Höhenmesser	Fuess	Instrumentenbrett
2	Fein-Höhenmesser	Fuess	Instrumentenbrett
1 bzw. 2	Höhenmesser	Goerz	im durchgehenden Fluggastraum im unterteilten Fluggastraum
1	Borduhr	Kienzle	Instrumentenbrett
2	Variometer	Askania	Instrumentenbrett
2	Wendezeiger	Askania	Instrumentenbrett
1	Sperry-Horizont	Askania	Instrumentenbrett
1	Fernthermometer für Außenluft	Hartmann & Braun	Instrumentenbrett
1 bzw. 2	Thermometer	Lufft	im durchgehenden Fluggastraum im unterteilten Fluggastraum
1	Fernkompaßanlage mit 1 Mutterkompaß 2 Kurszeigern	Askania Askania Askania	Rumpfende Instrumentenbrett
1	Fernkurskreisel	Askania	Instrumentenbrett
1	Draufsichtkompaß	Ludolph	Führerraum
1	Unterdruckanlage für Navigationsgeräte mit 2 Sogpumpen 2 Sogverteiler 1 Sogmesser 1 Umschalthahn	Knorr Knorr Bruhn Prerauer & Scholz	an den Seitenmotoren am Gerätetisch Instrumentenbrett Instrumentenbrett
1	Druckmesser für Feuerlöscher	Gradenwitz	Instrumentenbrett
1	Doppeldruckmesser für Bremsen und Druckminderventil	Gradenwitz oder Knorr	Instrumentenbrett

Instrumente zur Triebwerküberwachung

Anzahl	Instrumente	Hersteller	Einbauort
2	Elektrischer Ferndrehzahlmesser	Horn	Instrumentenbrett
1	Mechanischer Ferndrehzahlmesser	Morell	Instrumentenbrett
3	Ladedruckmesser	Askania	Instrumentenbrett
(1)*)	Anzeigegerät für Kraftstoffvorrat mit Umschalter	Hartmann & Braun	Instrumentenbrett
3	Ölstandmesser	Junkers	an den Ölbehältern
3	Doppeldruckmesser für Kraftstoff und Schmierstoff	Maximall	Instrumentenbrett
3	Fernthermometer für Schmierstoff-Eintritt	Eckardt	Instrumentenbrett
1	Ladeampèremeter	Siemens oder Gossen	Instrumentenbrett

*) nur bei Einbau einer elektrischen Kraftstoff-Meßanlage

Sicherheit im Fluge

Unter diesem Titel erschien in einem Prospekt des Junkerskonzerns aus dem Jahre 1935 ein zweisprachiger Text über die Sicherheit und Zuverlässigkeit der Ju 52. Junkers-Flugzeuge waren aufgrund ihrer soliden Metallkonstruktion stets stabiler, leichter, und aerodynamisch günstiger gebaut als ihre Konkurrenzmaschinen. Leistungsfähige und im Verbrauch sparsame Motoren sorgten für entsprechende Geschwindigkeiten. Hinzu kam die ständige Verbesserung der Konstruktion, der Einsatz neuer Baugruppen und eine ständige Ergänzung der Bordinstrumente nach dem Stand der Wissenschaft im Interesse des Flugkomforts und der Sicherheit.

Das Wasserflugzeug Ju 52/3 m
The Junkers Ju 52/3 m as seaplane

Dokumentation

Ju 52/3m im Fluge auf schwieriger Gebirgsstrecke
The Ju 52/3m crossing difficult mountainous country

Ju 52/3m bei der Landung. Der zur Verringerung der Landegeschwindigkeit angestellte Hilfsflügel ist deutlich sichtbar
Ju 52/3 m landing. The Auxiliary Wing can be clearly seen in action

Die laufende Erneuerung, die ein Ausdruck der Modernität darstellt, gehörte zur Strategie des Junkerskonzerns und ging noch auf die Gepflogenheiten unter Prof. Hugo Junkers zurück. Dieser seltene Originalprospekt von der Junkers Ju 52/3m aus dem Jahr 1935 gestaltete der russische Künstler Max Sinowjewitsch Krajewsky, der am Dessauer Bauhaus von 1925 bis 1929 studierte und zeitweilig auch in den Dessauer Junkerswerken beschäftigt war. Als technischer Fotograf gestaltete er in den 1930er-Jahren für mehrere deutsche Firmen Foto-Werbeschriften, die in ihrem Layout an seine Bauhauszeit erinnern. Dazu gehört auch das 44-seitige Ju-52-Prospekt: eine Hommage an eines der bekanntesten Flugzeuge der Welt und zugleich ein exzellent gestaltetes Zeugnis der Kultur-, Industrie- und Technikgeschichte des 20. Jahrhunderts.

Gute Zugänglichkeit der Maschinenanlage
Very good accessibility of the engines

Der geräumige Führerraum mit seiner übersichtlichen Instrumentierung
The spacious cockpit with its practically arranged instruments

Dokumentation

Fluggastraum mit normaler Ausstattung
Standard passenger cabin equipment

Der große unbehinderte Frachtraum der Ju 52/3 m
The spacious freight compartment of the Ju 52/3 m

Die Bilder auf der folgenden Doppelseite stammen ebenfalls aus diesem Prospekt. Sie zeigen Flugrouten in Südamerika, Mitteleuropa und Skandinavien, auf denen die Ju 52 eingesetzt wurde.

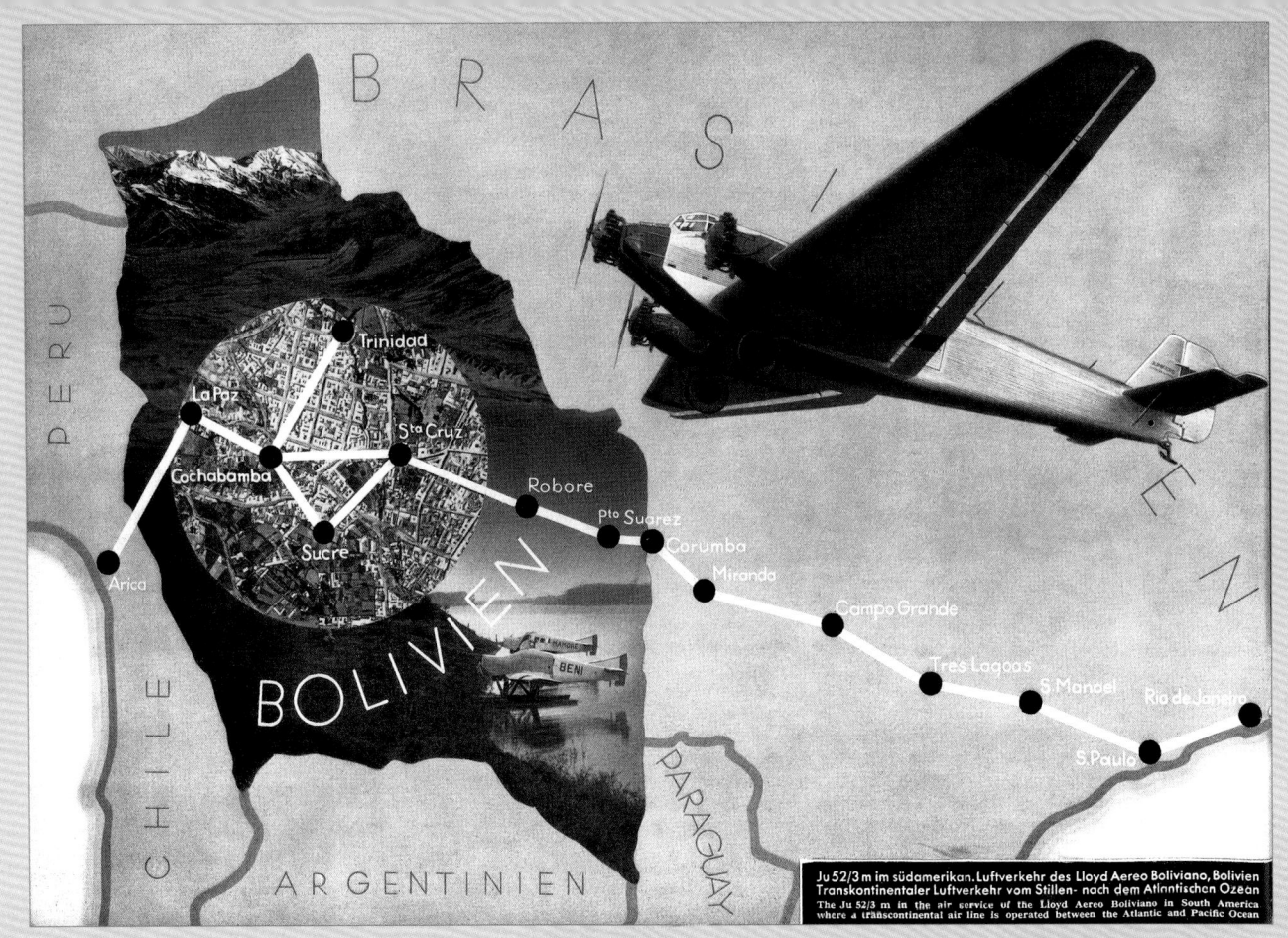

Ju 52/3 m im südamerikan. Luftverkehr des Lloyd Aereo Boliviano, Bolivien
Transkontinentaler Luftverkehr vom Stillen- nach dem Atlantischen Ozean
The Ju 52/3 m in the air service of the Lloyd Aereo Boliviano in South America
where a transcontinental air line is operated between the Atlantic and Pacific Ocean

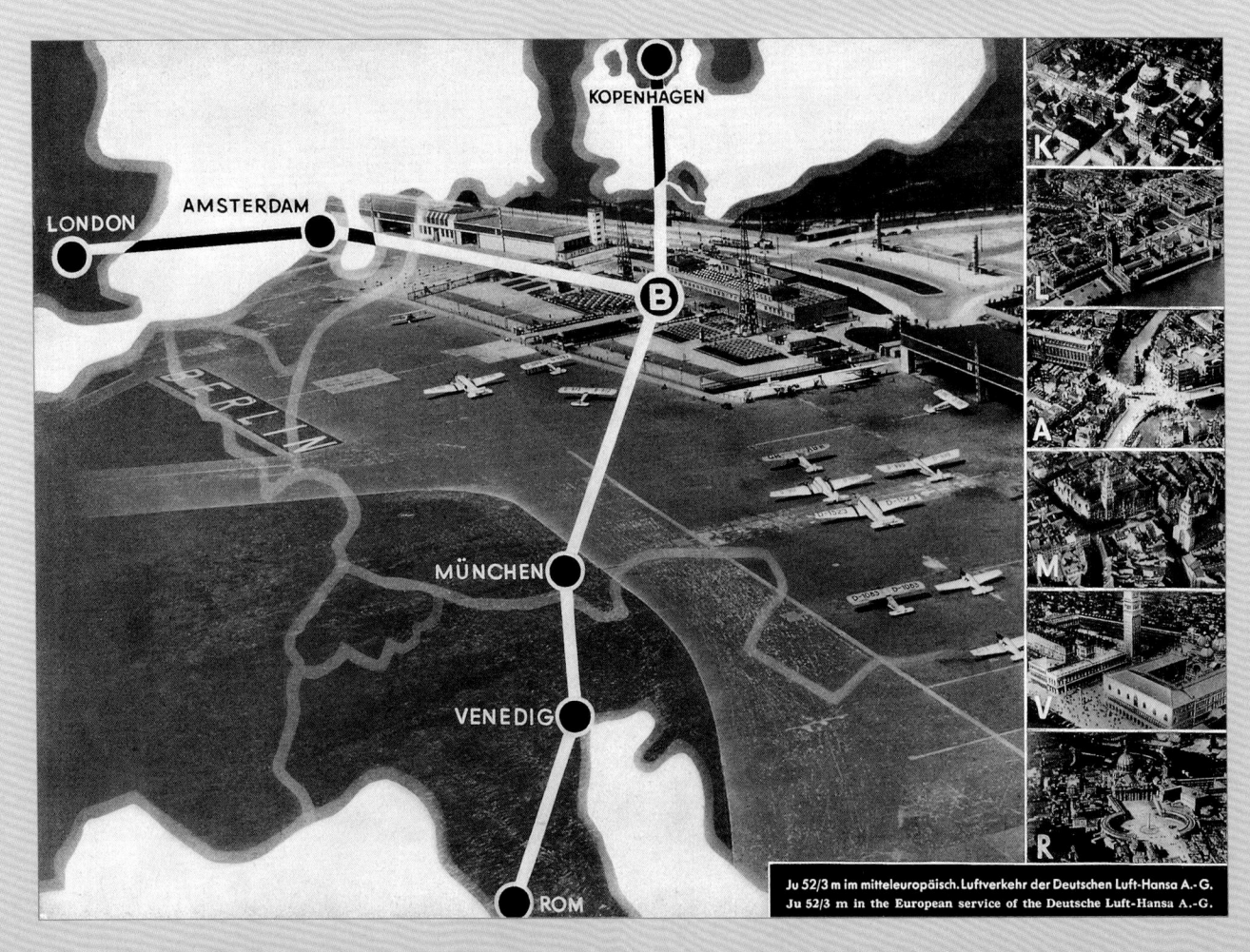

Ju 52/3 m im mitteleuropäisch. Luftverkehr der Deutschen Luft-Hansa A.-G.
Ju 52/3 m in the European service of the Deutsche Luft-Hansa A.-G.

Ju 52/3 m im Dienste der schwedischen Luftverkehrs-Gesellschaft A.-B. Aerotransport, Stockholm. Täglich Expreßverkehr Malmö-Amsterdam

Ju 52/3 m als Wasserflugzeug im Dienste der finnischen Aero O/Y auf der Seestrecke Helsingfors—Stockholm
In the Finland air service of the Aero O/Y, Helsingfors on the route Helsingfors—Stockholm

Ein Ju-52/1m-Replik im Western Canada Avation Museum in Winnipeg/Canada, 2003.

Foto: Sammlung des Autors

Formationsflug von sechs Ju-52/3m-Maschinen mit den Kennungen D-AQUI, HB-HOS, HB-HOT, HB-HOP, F-AZJU und HB-HOY am 03.04.2008 in Dübendorf bei Zürich anlässlich des 25-jährigen Jubiläums von JU-AIR Schweiz.

Foto: Sammlung des Autors

Ein alljährliches Rendezvous, die Ju 52 D-AQUI besucht ihre Geburtsstadt Dessau, wo das Flugzeug 1930 von Ernst Zindel konstruiert wurde.

Foto: Sammlung des Autors

Die CASA 352 mit der Kennung F-AZJU ist seit 2003 wieder flugfähig und in Cerny/Ferté Alais bei Paris stationiert und war 2005 Gast auf dem Flugplatz Hugo Junkers in Dessau.
Foto: Sammlung des Autors

Die legendäre Ju-52-Traditionsmaschine der Deutschen Lufthansa AG verabschiedet sich von ihrem Heimatflughafen Berlin-Tempelhof, einem der ältesten Flugplätze der Welt, der am 03.10.2008 nach 85 Jahren Flugbetrieb geschlossen wurde.
Foto: Sammlung des Autors

JUNKERS JU 52 IM DIENST DER DEUTSCHEN LUFTHANSA AG IM ZEITRAUM 1932 BIS 1945

Die Deutsche Lufthansa AG (DLH) wurde am 6. Januar 1926 in Berlin gegründet. Sie entstand durch den Zusammenschluss der Deutschen Aero-Lloyd AG, Berlin, und der Junkers Luftverkehrs AG, Dessau. Mit der Zulassungs-Nr. D-2201 auf den Namen des bekannten Dessauer Fliegers Oswald „Boelcke" (1891-1916), Träger des Orden Pour le Mérite, erfolgte im Mai 1932 in der DLH die erste Junkers Ju 52/3m-Indienststellung.

Zulassungs-Nr. alte Kennung	Zulassungs-Nr. neue Kennung	Werk-Nr.	Baujahr	Name	Indienststellung	Außerdienststellung	von / an Bemerkung
	D-AZIR	1301	1937	Fritz Erb	1939	1942 Z	bei der Luftwaffe, von DVL
D-2201	D-ADOM	4013	1932	Boelcke	1932	1934 Abg	an RLM-Flugbereitschaft
D-2202	D-ADYL	4015	1932	Richthofen	1932	1934 Abg	an RLM-Flugbereitschaft
D-2468	D-AFIR	4019	1933	Joachim von Schroeder	1933	1933 V	
D-2490	D-AFYS	4020	1933	Gustav Doerr	1933	1941 Z	bei der Luftwaffe
	D-AHUT	4021	1933	Immelmann	1933	1933	
				H. J. Buddecke	1934	1941 Z	bei der Luftwaffe
D-2527	D-AGUK	4022	1933	Richthofen	1933	1934	
				Kurt Wolff	1935	1942 Z	bei der Luftwaffe
D-2526	D-AGAV	4023	1933	Zephyr	1933	1935	
				Emil Schaefer	1936	1937 Z	26.11.1937 London-Croydon
	PP-CAT	4024	1933	Anhanga	1933	1938 Z	15.8.1938 Rio de Janeiro, an SC
D-2588	D-AHIH	4025	1933	Rudolf Kleine	1933	1941 Z	bei der Luftwaffe
D-2624	D-AJAN	4026	1933	Rudolf Berthold	1933	1941 Z	bei der Luftwaffe
D 2649	D-AJUX	4028	1933	Hermann Göring	1933	1934	
				Ulrich Neckel	1935	1935	
				Hermann Göring	1936	1936 Z	19.9.1936 Frankfurt am Main
D-2650	D-AKEP	4029	1933	Fritz Rumey	1933	1942 Z	bei der Luftwaffe
D-2725	D-AKOK	4030	1933	Paul Bäumer	1933	1942 Z	bei der Luftwaffe
D-3049	D-ALAS	4035	1934	Heinrich Gontermann	1934		verchartert an Luftwaffe ab 27.8.1939
D-3050	D-ALUN	4036	1934	Kurt Wintgens	1934	1941 Z	bei der Luftwaffe
D-3051	D-AMAM	4037	1934	Kurt Wüsthoff	1934		verchartert an Luftwaffe 18.5.-12.12.1940, ab 19.2.1942
	PP-CAV	4038	1934	Caicara	1934	1938	zu Andendienst
	D-ARUW			Caicara	1938	1939 V	an SC
D-3123	D-ANAL	4039	1934	Gustav Leffers	1934	1941 Z	bei der Luftwaffe
D-3127	D-APAR	4040	1934	Otto Parschau	1934	1938 Z	22.2.1938 Chanteny/Frankreich
D-3131	D-ARAM	4041	1934	Werner Voss	1934		verchartert an Luftwaffe ab 27.8.1939
D-3136	D-ASEN	4042	1934	Paul Billik	1934	1934	zu SC
	PP-CAY			Miramba	1935	1939 Z	31.1.1939 Südamerika
D-3356	D-ABIS	4043	1934		1934	1934	zu SC
	PP-CAX			Curupira	1934	1939 V	an SC
	D-ABAN	4044	1934	Emil Thuy	1934	1934	zu Eurasia
					1934	1937 V	an Eurasia
	D-AJYR	4045	1934	Emil Schäfer	1934	1935 Z	25.4.1935 Hallgarten
	D-ADAL	4046	1934	Karl Almenröder	1934	1935 V	an Deruluft
				Karl Almenröder	1937		verchartert an Luftwaffe ab 27.8.1939, von Deruluft
	D-AFES	4047	1934	Franz Büchner	1934	1942 Z	bei der Luftwaffe
	D-AGIS	4048	1934	Max von Mulzer	1934	1935 V	an Deruluft
				Wilhelm Schmidt	1937	1941 Z	bei der Luftwaffe, von Deruluft

Dokumentation

Zulassungs-Nr. alte Kennung	Zulassungs-Nr. neue Kennung	Werk-Nr.	Baujahr	Name	Indienststellung	Außerdienststellung	von / an Bemerkung
	D-AHUS	4049	1934	Heinrich Kroll	1934	1935 V	an Deruluft
				Heinrich Kroll	1937		verchartert an Luftwaffe 27.8.1939-11.9.1944, von Deruluft
	D-AJIM	4050	1934	Ulrich Neckel	1934	1935	
				Hermann Göring	1935	1936 Z	19.9.1936 Frankfurt am Main
	D-AREN	4051	1934		1934	1935 V	an Deruluft
	D-AXES	4052	1934	Hans Berr	1934	1935 V	an Deruluft
				Hans Berr	1937	1941 Z	bei der Luftwaffe, von Deruluft
	D-AXAN	4053	1934	H. J. Budecke	1934	1934	lt. Luftfahrtrolle an DR-Gesellschaft
	D-AHIT			Immelmann	1935	1936	an RLM
	D-ATON	4054	1934	Erwin Böhme	1934	1942 Z	bei der Luftwaffe
	D-AQAR	4055	1935	Walter Höhndorf	1935	1936	
	D-ACBO	4059	1934	Viktor Neubrand	1938	1940 Z	von Südafrika, 29.3.1940 Salamander
	D-AGFD	4060	1934	Otto Parschau	1938	1939 V	von Südafrika, an Iberia
	D-ABIZ	4068	1935	Erich Albrecht	1935	1937	zu Eurasia, Ersatz für D-AMAK
	D-ABIK	4069	1935	Manfred von Richthofen	1935	1936	
	D-ADEF	4070	19354	Adolf Schirmer	1935	1944 Z	von RLM, verchartert ab 27.8.1939, Z 3.2.1944 bei der Luftwaffe
	D-ANYF	4071	1935	Erich Pust	1935	1941 Z	bei der Luftwaffe
	D-AMIP	4072	1935	Fritz Erb	1935	1938 V	an Eurasia
	D-AVUL	4073	1935	Bruno Rodschinka	1935	1939 V	an Iberia
	D-ASIS	4074	1935	Wilhelm Cuno	1935	1938	zu Eurasia, Ersatz für D-ASEV
	D-APEF	4075	1935	Karl Kessel	1935	1938	zu SC
				Pagé	1938	1939 V	an SC
		4076	1935		1935	1935 V	an Ölag als OE-LAK
	D-AZAT				1939	1939 V	von Ölag an Iberia
	D-ANOP	4077	1935	Fritz Simon	1935	1935 V	über Junkers an DNL
	D-AKIQ	4078	1935		1935	1935	zu SC
	PP-CBB			Tupan	1935	1939 V	an SC
	D-APOR	4079	1935	Aeluss	1935	1936	
				Olaf Bieberstein	1936	1938	zu SC
	PP-CBF			Arocy	1938	1939 V	an SC
	D-AGDA	4080	1934	Wedige Froreich	1936	1936 V	an Ölag als OE-LAM, verchartert an Luftwaffe ab 27.8.1939
	D-ALAN	5010	1934	Eduard Dostler	1934	1942 Z	bei der Luftwaffe
	D-ANOL	5014	1934	Albert Dossenbach	1934	1941	bei der Luftwaffe
	D-AZIS	5020	1934	von Bülow	1934	1934	
				Horst Wessel	1935	1938 Abg	an RLM, Regierungsstaffel
	D-AZAN	5021	1934	Joachim von Schröder	1934	1934	
	D-AXUT	5022	1934	Lothar von Richthofen	1934	1939 V	an Iberia
	D-AXOS	5023	1934	Oswald Boelcke	1934		verchartert an Luftwaffe 27.8.1939-27.2.1941, ab 14.3.1941
	D-ABES	5026	1934	Fritz von Roeth	1934	1934	
				Hermann Thomsen	1935	1942 Z	bei der Luftwaffe
	D-AHAL	5034	1934	Otto Bernert	1934	1944 Z	bei der Luftwaffe, verchartert ab 25.12.1942
	D-ARYS	5043	1934	Hans Kirchstein	1935	1938	zu Filiale Peru
					1938	1938 Z	26.6.1938 La Paz
	D-AQUQ	5053	1934	Adolf von Tutschek	1934	1938	zu SEDTA
	HC-SAC			Guayas	1938	1939 V	an SC
	D-AMIT	5060	1934	Otto v. Beaulieu-Marconnay	1934	1938	
					1938	1941	zu Filiale Peru, an peruanische Regierung

Zulassungs-Nr. alte Kennung	Zulassungs-Nr. neue Kennung	Werk-Nr.	Baujahr	Name	Indienst-stellung	Außerdienst-stellung	von / an Bemerkung
	D-ANEN	5072	1934	Fritz Puetter	1934	1942 Z	bei der Luftwaffe
	D-APOK	5074	1934	Max von Mulzer	1934	1935	
				Mistral	1935	1936 Aus	
	D-ASIH	5078	1935	Rudolf Windisch	1935	1936 Z	31.12.1936 Grand Bornaud, Schweiz
	D-AKYS	5098	1935	Emil Thuy	1935	1939 V	an Iberia
	D-AGES	5104	1935	Otto Kissenberth	1935	1935	zu Eurasia
					1935	1937 V	an Eurasia
	D-AMAQ	5109	1935	Max von Mulzer	1935	1939	zu SEDTA, von peruanischer Luftwaffe beschlagnahmt, abgeschr.
	D-ADER	5120	1935	Hans Wende	1935	1938	zu SC
	PP-CBE			Yarassu	1938	1939 V	an SC
	D-ANAZ	5128	1935	Willi Charlett	1935	1943 Z	bei der Luftwaffe
	D-ATAK	5169	1935	Marschall von Bieberstein	1935	1936 Z	
	D-ALYL	5180	1935	Hans Loeb	1935	1936	
				XI. Olympische Spiele	1936	1937 V	an Ölag als OE-LAR
				Linke-Crawford	1939		verchartert an Luftwaffe ab 27.8.1939
	D-AGST	5261	1935		1935	1935	zu SC
	PP-CAZ			Maipo	1935	1938	zu Andendienst
				Maipo	1938	1939 V	an SC
	D-AVUP	5267	1935	Kurt Steidel	1935		verchartert an Luftwaffe ab 27.8.1939
	D-AGIQ	5272	1935	Martin Zander	1935	1938	zu Filiale Peru
					1938	1941	beschlagnahmt von peruanischer Regierung
	D-ADEK	5278	1935	Anton Schulz	1935		verchartert an Luftwaffe ab 27.8.1939
	D-AENF	5283	19355		1935	1935	zu SC
	PP-CBA			Aconcagua	1935	1937	zu Andendienst
	D-AENF			Aconcagua	1937	1939 V	an SC
		5289	1935		1935	1935 V	an Ölag als OE-LAL
	D-AMAK	5294	1935	Volkmar v. Arnim	1935	1935	zu Eurasia
					1935	1937 V	an Eurasia, Z 1.8.1937
	D-ANYK	5329	1935	Wilhelm Schmidt	1935	1936 Abg	
	D-AKIY	5429	1935	William Langanke	1935	1936 V	über Junkers an DNL
	PP-SPD	5453	1936		1936	1936	zu SC
	PP-CBC			Guaracy	1937	1938 Z	25.5.1938 Santre
	D-AGEI	5472	1936	Karl Almenröder	1936	1936	zu Eurasia
	D-AJAO	5478	1935	Robert Weinhard	1936	1936	zu SC
				Jacy	1937	1939 V	an SC
	D-AKUO	5484	1936	Paul Billik	1936	1941 Z	bei der Luftwaffe
	D-AQUI	5489	1936		1936	1936 V	über Junkers an DNL
	D-ALUE	5502	1936	Joachim von Schröder	1936	1936	
	D-AGOO	5555	1936	Fritz Simon	1936		verchartert an Luftwaffe ab 31.8.1939
	D-AKEQ	5590		Gustav Rubritius	1936	1936 V	an Ölag als OE-LAN
					1939	1942 Z	bei der Luftwaffe
	D-AMYE	5656	1937	Anden/Los Andos	1937	1939 V	an SC nach Andendienst
	D-ANOY	5663	1937	Rudolf von Thüna	1937	1938 Z	1.12.1938 Leopoldsberg
	D-APUP	5682	1937	Marschall von Bieberstein	1937		verchartert an Luftwaffe ab 26..8.1939
	D-AGAK	5685	1937	Ulrich Neckel	1937		verchartert an Luftwaffe ab 19.2.1942
	D-AXAT	5693	1937	Rudolf Windisch	1937	1937 Z	3.12.1937 München
	D-ATEA	5727	1937		1937	1937 V	an Ölag als OE-LAP

Dokumentation

Zulassungs-Nr. alte Kennung	Zulassungs-Nr. neue Kennung	Werk-Nr.	Baujahr	Name	Indienst-stellung	Außerdienst-stellung	von / an Bemerkung
				Philipp v. Blaschke	1939		verchartert an Luftwaffe ab 27.8.1939
	D-AMEI	5734	1937	Fritz von Roeth	1937	1943 Z	bei der Luftwaffe
	D-ALAM	5740	1937	William Langanke	1937	1943 Z	bei der Luftwaffe
	D-ATAO	5748	1937	Alfred Bauer	1937		verchartert an Luftwaffe ab 2.9.1939
	D-ABUR	5777	1937	Charles Haar	1937	1938 Z	4.1.1938 Frankfurt am Main
	D-ATYZ	5797	1937	Hans Hackmack	1937		verchartert an Luftwafffe ab 1.9.1939
	D-AFOP	5800	1937	Karl Hochmuth	1937	1939 Z	31.8.1939 Hannover
	D-AUJA	5851	1937	Otto Fink	1937	1939 V	an Iberia
	D-AUKE	5854	1937	Willi Rabe	1937	1939 V	an Iberia
	D-APDF	5915			1938	1938	zu SEDTA
	HC-SAB			Ecuador	1938	1938 Z	10.12.1938 Südamerika
	D-ARDS	5919	1938	Robert Weinhard	1938	1942 Z	bei der Luftwaffe
	D-AMFR	5933	1937	Ludwig Hautzmayer	1937	1938 V	an Ölag als OE-LAR
					1939		gechartert von Luftwaffe von 27.8.1939-18.1.1941, ab 25.6.1941
	D-AFCD	5938	1938	Erich Albrecht	1938	1941 Z	bei der Luftwaffe
	D-ATDB	5940	1938	Walter Bayer	1938		verchartert an Luftwaffe ab 6.10.1939
	D-AUJG	5942	1938	Hans Wende	1938	1939 Z	4.8.1939 Llaveria/Spanien
	D-ANJH	5947	1938	Hans Loeb	1938	1939 Z	3.8.1939 Rangoon
	D-ABVF	5954	1938	Franz Wagner	1938	1942 Z	bei der Luftwaffe
	D-ANXG	5979	1938	Hans Kirchstein	1938	1941 Z	bei der Luftwaffe
	D-ASFD	6014	1938	Heinrich Mathy	1938	1940 Abg	
	D-AGTC	6030	1938	Wilhelm Cuno	1938		verchartert an Luftwaffe 27.8.-18.10.1939 u. 13.11.1942-1.9.1944
	D-AHMS	6042	1938	Martin Zander	1938	1941 Z	bei der Luftwaffe
	D-ADED	6046	1938	Viktor Neubrand	1938		verchartert ab 27.8.1939
	D-AHFN	6047	1938	H.Krickeldorf	1938	1942 Z	bei der Luftwaffe
	D-AFFQ	6057	1939	Otto Falke	1939		verchartert an Luftwaffe 27.8.-18.10.1939, ab 11.11.1942
	D-ADHF	6066	1939	Walter Höhndorf	1939	1943 Z	bei der Luftwaffe
	D-APXD	6149	1939	Robert Untucht	1939	1943 Z	bei der Luftwaffe
	D-ARAD	6171	1939	Volkmar v. Arnim	1939		verchartert an Luftwaffe ab 26.8.1939
	D-ARIW	6180	1939	Joachim Blankenburg	1939	1941 Z	bei der Luftwaffe
	D-ASLG	6369	1939	Alfred Viereck	1939	1942 Z	bei der Luftwaffe
	D-AVAJ	6370	1939	Olaf Bielenstein	1939	1941 Z	bei der Luftwaffe
	D-AXFH	6372	1939	H.E.Lochner	1939	1942 Z	bei der Luftwaffe
	D-ABFA	6385	1939	Otto Parschau	1939	1941 Z	bei der Luftwaffe
	D-ACEP	6386	1939	Adolf von Tutscheck	1939	1942 Z	bei der Luftwaffe
	D-ADBO	6387	1939	Otto v. Beaulieu-Marconay	1939	1941 Z	bei der Luftwaffe
	D-ABEW	6432	1939	Rudolf v.Thüna	1939	1943 Z	bei der Luftwaffe
	D-AREB	6442	1939	Charles Haar	1939		verchartert an Luftwaffe ab 31.8.1939
	D-AGOB	6452	1939	H.J.Handke	1939	1942 Z	bei der Luftwaffe
	D-ACBE	6550	1940	Emil Schaefer	1940	1943 Z	bei der Luftwaffe
	D-AWAS	6561	1939	Joachim von Blankenburg	1939	1944 Z	21.2.1939, verschollen in der Ägäis
	D-ADBW	6650	1939	Emil Thuy	1939	1944 Z	bei der Luftwaffe, verchartert ab 23.2.1942
	D-AGBI	6659	1939	Max von Mulzer	1939	1942 Z	bei der Luftwaffe
	D-AEAO	6670	1940	E. Fritsche	1940	1941 Z	bei der Luftwaffe
	D-APGU	6734	1939	Bruno Rodschinka	1939		verchartert an Luftwaffe 15.4.-30.6.1940 u. 15.11.1940-26.1.1944
	D-APZX	6750	1939	Raoul Stoisavljevic	1939		verchartert an Luftwaffe ab 9.4.1940
	D-AHGA	6775	1940	Paul Billik	1940		verchartert an Luftwaffe ab 13.1.1942

Zulassungs-Nr. alte Kennung	Zulassungs-Nr. neue Kennung	Werk-Nr.	Baujahr	Name	Indienststellung	Außerdienststellung	von / an Bemerkung
	D-ARCK	6779	1939	van Vloten	1940		verchartert an Luftwaffe ab 24.12.1942
	D-ARVU	6790	1939	Hans Wende	1940		verchartert an Luftwaffe ab 9.4.1940
	D-AHGB	6800	1940	Rudolf Kleine	1940	1941 V	an SC
	D-APAJ	7029	1941	Erich Pust	1941		verchartert an Lufrwaffe ab 18.2.1942
	D-AQIJ	7053			1944	1944 Z	5.9.1944 Echterdingen, von Iberia gechartert, nach Z Rückkauf
	D-ASDI	7077	1941	Rudolf Kleine	1941	1944 Z	bei der Luftwaffe, verchartert ab 23.2.1942
	D-ASHY	7089	1941	Gustav Doerr	1941		verchartert an Luftwaffe ab 18.2.1942
	D-ATAW	7160	1941	Lothar von Richthofen	1941		verchartert an Luftwaffe ab 19.2.1942
	D-AUXZ	7172	1941	Otto v. Beaulieu-Marconnay	1941	1941 Z	20.10.1941 Gabrenze, Bulgarien
	D-AYGX	7208	1941	J.Höroldt	1941	1942 Z	22.10.1942 Bukarest
	D AIAG	7244	1941	Olaf Bielenstein	1942	1944 Z	bei der Luftwaffe, verchartert ab 23.12.1942
	D-AVIU	7256	1941	Th. Schöpwinkel	1941	1942 V	an Aero O/Y
	D-AIAH	7268	1941	Karl Hochmuth	1942	1944 Z	bei der Luftwaffe, verchartert ab 18.2.1942
	D-ADQU	640605	1943	Karl Noack	1943	1944 Z	15.9.1944, von RLM
	D-ADQV	640608	1943	Hermann Stache	1943	1944 Z	16.10.1944, Seljörd/Norwegen, von RLM
	D-ADQW	640610	1943	Harry Rother	1943	1944 Z	15.1.1944 Belgrad, von RLM
	D-AOCA			Harry Rother		1944 Z	17.4.1944 abgeschossen, Balkan
	D-APOO			H.Kroll	1936	1936 Z	2.11.1936 Tabarz
	D-ASHE			Friedrich Dahmen		1944 Z	17.10.1944, Konorn/Ungarn
	D-ASEV		1936		1937	1937	zu Eurasia
					1937	193/ V	an Eurasia
	D-ASUI				1936	1936 Z	17.11.1936 Lauf a. d. Pregnitz
	D-AUSS			Josef Langheld		1945 Z	10.1.1945, Prujavor/Bosnien
	D-AUWA			Gerhard Amann		1944 Z	2.9.1944 abgeschossen, Ivanca
	D-AVFB			Otto v. Beaulieu-Marconnay	1938	1938 Z	1.10.1938 in Schweizer Alpen verschollen, gefunden 11.7.1939
	D-ACDA	7490			1942	1945	Charter von Aero O/Y
	D-AEAC	7493			1942	1944	Charter von Aero O/Y
	D-ASPI	6710			1943	1944	Charter von Ala Littoria
	D-AIAT	6765			1943	1944	Charter von Ala Littoria
	D-ASPE	6802			1943	1944	Charter von Ala Littoria
					1943	1944	Charter von Ala Littoria

Anmerkungen:
Abg = Abgegeben
Aus = Außerdienststellung
V = Verlust
Z = Zerstört

Aus den Recherchen zur Deutschen Luftfahrtrolle geht hervor, dass im Berichtszeitraum von 1934 bis 1939 weitere Auslieferungen von Ju 52/3m an die DLH erfolgten, über deren Einsatz jedoch keine weiteren Angaben vorliegen:
1934: D-ARES, 1935: D-AGYS, D-AMON, D-AMYR (ging 1936 an Telefunken), D-APIR, A-AXOD; 1936: D-ABUA; 1938: D-AYKU; 1939: D-AJAT, D-ALUG, D-ATVO.

Der Regierungsstaffel des Reichsluftfahrtministeriums (RLM) unterstanden 1938 die an die DLH ausgelieferten Flugzeuge: D-AFAM Max von Müller, D-AJIM Hermann Göring, D-AMYY Wilhelm Siegert, D-ANAO Joachim von Schröder, D-APAA Otto Kissenberth, D-AQUIT Major Dincklage, D-ARET Kurt Schumann, D-ATUF Graf Schlieffen, D-AYHO Peter Strasser, D-AZIS Horst Wessel sowie die D-2600 Immelmann und D-2527 Manfred von Richthofen, spätere Kennung D-AGUK Kurt Wolff. In der Kostenabrechnung der DLH wurden bis zum 1. November 1935 auch die Ju 52-Maschinen der Deutschen Reichsbahn-Gesellschaft mit ausgewiesen.

Zu Beginn des Zweiten Weltkrieges erfolgte auf Weisung des RLM eine Übergabe von militärrelevanten Flugzeugen von der Deutschen Lufthansa (DLH) an die Deutsche Luftwaffe (WL). Darunter befanden sich auch zahlreiche Junkers Ju 52-Maschinen. Deren weiterer Einsatzverlauf ist, soweit nachweisbar, unter der Rubrik Bemerkungen erfasst.

Ausgewählte Baureihen – der Junkers Ju 52/1m

Ju 52ba, Frachtflugzeug mit einem Junkers-Motor L 88 (800 PS). Das Projekt kam nicht zur Ausführung, da noch kein serienreifer Motor vorlag. Später wurde der D-1974 auch ein Probemotor Jumo L 88 eingebaut. Den Probeflug absolvierte der Werkspilot Fritz Hader am 3. September 1931. Dadurch entsprach die Ju 52be zeitweilig der Musterbezeichnung Ju 52ba.

Ju 52be, Frachtflugzeug mit einem BMW-Motor VIIaU (690 PS). Es ist der Prototyp der Ju-52-Baureihen, Werk-Nr. 4001, mit der Kennung D-1974. Erstflug erfolgte am 11. September 1930. Musterprüfung durch die DVL-Flugabteilung am 10. Februar 1931, Zulassungskennzeichen D-1974. Maschine flog vom 1. bis 23. April 1931 mit zwei 80 kg schweren Seitenmotorattrappen, der erste Schritt zur Ju 52/3m. Anfang Juni 1931 wurde das Flugzeug durch die Luftfrako GmbH Berlin, in Dienst gestellt und unternahm einen 6.000-km-Testflug über den Balkan. Im Juli 1931 erfolgte eine Rückführung der Maschine nach Dessau zur Flugauswertung.

Ju 52bi, ci, di, Frachtflugzeug mit einem Armstrong-Sideley „Leopard" Doppelstern-Motor (750 PS), Werk-Nr. 4002, mit dem Kennzeichen D-2133. Erstflug am 10. März 1931, danach Erprobung als Landflugzeug, ab 17. Juli Testflüge mit Schwimmer auf der Elbe bei Dessau. Veränderung der Tragfläche mit einer stärkeren Pfeilform, Version Ju 52ci. Hochsee-Erprobung in Travemünde bis November 1931 durch die Junkers-Crew: Wilhelm Zimmermann als Chefpilot, Fritz Kummer als Bordmonteur und dem Ingenieur Sidon der Motorfirma A-S. Danach wieder Test in Dessau mit statisch veränderter Tragflächenkonstruktion in verbesserter Pfeilform und mit Fahrgestell als Landvariante, Version Ju 52di.

Ju 52ca, da, Frachtflugzeug als Erprobungsträger mit einem Junkers-Motor

Start einer Ju 52 der Deutschen Lufthansa auf dem Flugplatz Dresden, um 1937.
Foto: Sammlung des Autors S. 52

L 88 (800 PS). Hier handelt es sich mit hoher Wahrscheinlichkeit um die umgerüstete Maschine mit der Werk-Nr. 4001, da alle weiteren Typenbezeichnungen mit einer Werknummerierung ausgewiesen sind, die Reihe Ju 52ca und Ju 52da jedoch keine Werk-Nummer trägt. Bei der Ju 52da erfolgte eine weitere Verstärkung der Tragwerkkonstruktion.

Ju 52cai, Frachtflugzeug mit einem BMW-Motor IXaU (800 PS), Werk-Nr. 4005, Kennzeichen D-2356. Der Reichsverband der Deutschen Luftfahrtindustrie (RDI) übernahm im Februar 1933 diese Maschine, die wenige Wochen nach ihrer Auslieferung am 27. Mai 1933 durch einen Vergaserbrand verloren ging. Ju 52cao, Frachtflugzeug mit einem Rolls-Royce-Motor „Bussard" (825 PS), Werk-Nr. 4006, mit Fahrgestell, Schwimmer und Schneekufenausrüstung Ende 1931 an Kanada ausgeliefert. Dort war sie mit der Kennung CF-ARM bis 1947 im Flugdienst.

Ju 52ce, Frachtflugzeug mit einem BMW-Motor VIIaU (690 PS). Bei der ce-Reihe wies die Tragflächenkonfiguration eine etwas größere Pfeil- bzw. sogenannte V-Form auf, wodurch sich die Flugeigenschaften wesentlich verbesserten. Dabei erhielt auch das Seitenruder seine endgültige charakteristische Form. Die Werk-Nr. 4003 und 4007, mit den Kennungen D-USON und D-UHYF, wurde an die Luftdienst-Schleppstaffel der Reichsmarine ausgeliefert.
Eine weitere Maschine dieser Reihe auf Schwimmer, Werk-Nr. 4004, Kennung D-2317, ging im September 1932 an die Deutsche Verkehrsflieger-Schule. Ab Dezember 1932 jedoch in Schweden unter dem Kennzeichen SW-ADM bei der A. B. Flygindustri in Limhamn geführt. Ab 1936 flog die Werk-Nr. 4004 unter der

Kennung D-UBES für die Luftdienst-Schleppstaffel in Kiel-Holtenau.

Ju 52de, do, Erprobungsträger. Bei den beiden Versuchsmaschinen dieser Baureihenserie wurden keine Werknummern ausgewiesen. Es kann sich daher mit hoher Wahrscheinlichkeit nur um die Werk-Nr. 4001 und 4002 handeln, da beide Maschinen wiederholt als Versuchsträger zum Einsatz kamen. Mit unterschiedlichen Motoren ausgestattet, die mehrfach ausgewechselt wurden, flogen beide Maschinen bis 1944/45 unter den Kennzeichen D-AZYP und D-USUS im Luftdienst der Reichsmarine.

Ausgewählte Baureihen – der Junkers Ju 52/3m

Ju 52/3mba, Reiseflugzeug in Luxusausführung, Motoren: 3x Hispano-Suiza (1x750 PS und 2x575 PS), Werk-Nr. 4016, Kennung CV-FAI, im April 1932 an den Prinzen Bibesco, Präsident der Fédération Aéronautique Internationale übergeben.

Ju 52/3mce, Verkehrsflugzeug, Motore 3x Pratt & Whitney „Hornet" oder BMW-"Hornet" (3x 525-550 PS).

Ju 52/3mci, Verkehrsflugzeug, auf schwedischen Kundenwunsch erfolgte eine Veränderung der Schub- bzw. Zugachse der beiden seitlichen Motore, d. h. sie standen nun parallel zum Mittelmotor, Motoren:

Werbeschrift der Junkers Ju 52/3m, Layout M. S. Krajewsky, Dessau 1935.

Foto: Sammlung des Autors

3x Pratt & Whitney Wasp S3 H1-G (3x 550 PS), mit Dreiblatt-Verstellschraube, dadurch Erhöhung der Reisegeschwindigkeit auf 220 km/h, Kabine für 14 bis 15 Reisende.

Ju 52/3mde, Verkehrsflugzeug, entspricht der Ju 52/3mce, als Wasserflugzeug mit verstärkter Tragfläche an Kolumbien geliefert.

Ju 52/3mfe, Verkehrsflugzeug, Motore 3x BMW-"Hornet" (3x 550 PS), Reisegeschwindigkeit max. 270 km/h, Kabine für 17 Reisende, teilweise mit Spornradausführung.

Ju 52/3mfle, Sonderausführung als Schulflugzeug, Motore 3x BMW-"Hornet" (3x 525 PS).

Ju 52/3mge, Verkehrsflugzeug, die am meisten geflogene Bauversion für die zivile Luftfahrt, in ihr gingen verschiedene Verbesserungen an der funktechnischen Ausrüstung und Instrumentierung im Cockpit, der Zelle, dem Motor und an den Luftschrauben ein. Maschinen dieses Typs flogen in 28 Ländern.

Ju 52/3mg1e und Ju 52/3mg2e, Verkehrsflugzeug, Motoren: 3x BMW132 A/C/D (3x 660 PS), Verbesserung der Reisegeschwindigkeit, beide Versionen unterscheiden sich nur durch geringfügig modifizierte motortechnische Abweichungen.

Ju 52/3mho, Verkehrsflugzeug, Motoren: 3x Jumo 205 C (3x 660 PS), erprobt bei der D-AIYR und D-AQAR.

Ju 52/3mlu, Verkehrsflugzeug, Motore 3x Piaggio Stella X (3x 700 PS), dadurch wesentliche Steigerung der Reisegeschwindigkeit.

Ju 52/3mmao, Verkehrsflugzeug als Versuchsträger, Außenmotore entsprechen der Standardausführung, jedoch Mittelmotor in der Leistung verstärkt, Verwendung von VDM Verstellschrauben, erprobt bei der D-AHUX.

Ju 52/3mnai, Verkehrsflugzeug, Exportmuster für Schweden, Motore 3x P&W Wasp (3x 600 PS), mit NACA-Hauben und gerade in Schub- bzw. Zugachse stehenden Hamilton-Luftschrauben.

Ju 52/3mreo, Verkehrsflugzeug, Höhenmotore 3x BMW Da/De (3x 800 PS), mit NACA-Hauben und verstellbaren Luftschrauben, dadurch konnte die Maschine eine Reiseflughöhe von 8.200 Metern erreichen, erprobt an der D-AMYE.

Ju 52/3msai, Verkehrsflugzeug für den Export, entspricht bis auf einige motorspezifische Abweichungen im Wesentlichen der Ju 52/3mnai.

Ju 52/3mte, Verkehrsflugzeug, Motor 3x BMW 132 L2 (3x 800 PS), mit NACA-Hauben und Junkers-Verstell-Luftschraube, erhielt die erste Askania-Kurssteuerung (die früheste Form eines Autopiloten), Fahrgestell aerodynamisch neu verkleidet, es war mit 300 km/h die schnellste Ju 52 aller Zeiten.

Lizenzbauten der Junkers Ju 52/3m

AAC. 1, unter dieser Bezeichnung fertigten in Frankreich die Amiot-Flugzeugwerke in Colombes im Zeitraum von 1945 bis 1948 unter der Typenbezeichnung AAC. 1 „Toucan" 415 Flugzeuge, die bis 1960 im Flugdienst der Air France, Aéronavale und Armée de l'Air standen.

CASA 352 L, Typenbezeichnung für die Fertigung in Spanien, ab 1946 gebaut, insgesamt 170 Flugzeuge, die mit 3x ENMA-SA B-3 Sternmotoren (3x 750 PS) ausgerüstet wurden; bis 1972 alle Maschinen ausgemustert.

Ausgewählte Baureihen – der JFM Ju 52/3m-Militärversionen

Die Militärversionen der JFM Ju 52/3m wurden aus dem Verkehrsflugzeug Junkers

Die Ju 52/3m „Zephyr" wartet in Bathurst, im afrikanischen Gambia, auf ihren nächsten Einsatz im Postflugverkehr, 1935. Foto: Lufthansa

Ju 52/3mge entwickelt. Mit einer Motorleistung von 3x BMW-"Hornet" (3x 550 PS) und einer Reisegeschwindigkeit von max. 270 km/h, einer Kabine für 17 Reisende sowie einer Spornradausführung, bot diese für die zivile Luftfahrt am meisten geflogene Bauversion zugleich die besten Voraussetzungen für ein Transportflugzeug. Diese Eigenschaft machten sich die Militärverantwortlichen des Dritten Reiches für ihre Interessen zu eigen. Ab Mai 1934 kam diese Baureihen-Version zunächst in der sogenannten Einheitsausführung als „Behelfsbomber" zur Auslieferung und bildet den Stammtyp aller danach entwickelten Militärversionen der JFMJu 52/3m. Zugrunde lag die Baubeschreibung Nr. 121 233 vom Dezember 1933 und für die Bewaffnung die Baubeschreibung Nr. 210 934 vom September 1934, welche in der Folgezeit bis 1942 mehrfach den jeweils technischen Erfordernissen angepasst wurden.

Ju 52/3mg3e, Flugzeug-Bomber, in der Literatur auch als „Behelfsbomber" bezeichnet, Motore 3x BMW 132A (3x 660 PS), aus der Zellenausführung „g" abgeleitet. Eine Reichweitenerhöhung konnte durch Kraftstoffbehälter für 2.400 Liter erzielt werden. Das Rüstgewicht betrug 6.310 kg, das Fluggewicht 9.500 kg, die Fluggeschwindigkeit 255/200/105 km/h, die Steigzeit auf 3.000 m 17,5 Minuten, die Gipfelhöhe 5.900 m und die Reichweite 1.100 km. Die Besatzung bestand aus zwei Piloten, dem Funker/Navigator und zwei Personen zur Bedienung der Bewaffnung. Neben der üblichen Instrumentierung im Cockpit wie bei der Ju 52/3mge, gehörte eine FT-Anlage mit FuG3a, Peil G5 und FuBl1 zur Ausrüstung. Bewaffnung: Im Laderaum drei Bombenschächte als Abwurfwaffe, bestehend aus drei Senkrechtmagazinen DSAC/250 ohne Bombenklappen der für 6 x250- oder 24 x50-kg-Bomben, Brandbomben in Schüttbehältern; Visier für Bombenabwurf GV 219d; Auf dem Rumpfende ein offener Oberstand mit einer Lafette Drehkranz D 30 mit 1xMG 15; unter dem Rumpf eine schwenkbare Gondel, sogenannter MG-Topf, mit einer Lafette Drehkranz D 52 mit 1xMG 15; Fensterstand, beidseitig des Rumpfs, zwei Fensterlafetten mit 2xMG 15.

Ju 52/3mg4e, Land-Transportflugzeug, Motore 3 x BMW 132A (3x 660 PS). Die Maschine bestand aus einem konstruktiv verbesserten Rumpf mit verstärkter Ladefläche und einer Stahlrohr-Zurrausrüstung zur Lastensicherung. Auf der rechten Rumpfseite und im Kabinendach waren große Ladeklappen. Das Rüstgewicht betrug 6.300 kg bis 6.900 kg und das Fluggewicht 10.500 kg. Je nach Einsatzgebiet ergaben sich sieben Umbaumöglichkeiten nach:
- Rüstsatz E: als Stückgut- und Kistentransportflugzeug;
- Rüstsatz R: als Reiseflugzeug mit 16 Sitzplätzen;
- Rüstsatz H: als Hörsaal-Flugzeug;
- Rüstsatz St: als Staffeltrupp-Transportflugzeug;
- Rüstsatz S: als Sanitäts-Flugzeug und Fliegendes Lazarett;
- Rüstsatz F: als Fallschirmschützen- und

Prospekt für die Junkers Ju 52/1m, D-1974, Layout F. P. Drömmer, Dessau 1930. Foto: Sammlung des Autors

Luftlandetrupp-Flugzeug;
- Rüstsatz S: zusätzliche Bewaffnung mit Fensterlafetten außer bei der Version S, da nach den Genfer Konventionen von 1929 zum Schutz der Verwundeten, Kriegsgefangenen und der Zivilbevölkerung in Kriegszeiten Verkehrsmittel, Gebäude und andere Stellen, die mit einem Rot-Kreuz-Zeichen versehen waren, keinerlei Bewaffnung aufweisen durften. Eine Reihe von Rüstsatzversionen besaß auf dem Oberstand am Rumpfende statt des MG 15 ein MG 131 bzw. war auf dem Rumpf mit einer zusätzlichen Lafette HD 151/2 mit 1xMG 151/20 ausgerüstet.

Ju 52/3mg5e, Kombination als Land/See-Transportflugzeug, Motore 3x BMW132T (3x 660 PS). Der konstruktive Aufbau und die Gliederung der Rumpfzelle entsprach der Ju 52/3mg4e. Sie besaß die gleichen Rüstsätze, außer Variante F. Das Fahrwerk konnte als Land-, See- oder Schneevariante umgerüstet werden. Für die See-Ausrüstung kamen je 2x 9.500- bzw. 11.000-Liter-Schwimmer zum Einsatz, die mit einer speziell angeschraubten Eiskufe auch Landungen auf Eisflächen und verschneiten Plätzen erlaubten. Die Tragflächen besaßen eine abschraubbare Warmluft-Enteisungsanlage bzw. waren mit Tragflächen-Gummienteiser ausgerüstet. Durch einen „Schleppsporn 6000" war die Ju 52 für den Lastenflug geeignet. Die funktechnische Ausrüstung bzw. -Anlage bestand aus FuG5aU oder FuG10 mit TZG10, Peil G5, FuBl1 und FuG25 sowie einer elektrischen Patin-Fernkompass-Anlage. Das Rüstgewicht betrug 6.920 bis 7.415 kg und das Fluggewicht:
- Landvariante 10.500 kg; Seevariante 11.000 kg.

Bewaffnung: A-Stand auf dem Führerraumdach als MG Kuppel, die sogenannte Condorhaube, mit Lafette DL 15A mit 1xMG 15; Fensterstand, beidseitig des Rumpfs, vier Fensterlafetten mit 4xMG 15.

Ju 52/3mg6e, Land-Transportflugzeug, Motore 3x BMW 132T (3x 660 PS), Aufbau und Gliederung wie die Ju 52/3mg5e. Wesentliche Neuerungen: verbesserte Enteisungsanlage auch für Leitwerk und Luftschrauben, doppelte Instrumentierung sowie zusätzliche Fensterlafetten. Die funktechnische Anlage bestand aus dem Bordfunkgerät FuG3aU mit Peil G5 und FuBl1 sowie einer Patin-Fernkompass-Anlage.

Ju 52/3mg7e, Land/See-Transportflugzeug, Motore 3 x BMW132T (3x 660 PS), entsprach der Baureihe Ju 52/3mg5e, jedoch mit vergrößerter Ladeklappe und ohne Fenster im Bereich der Tragfläche. Im Cockpit befand sich eine Siemens-Kurssteuerung K4ü, die frühe Form eines Autopiloten.

Ju 52/3mg8e, Land-Transportflugzeug, Motore 3 x BMW 132T (3x 660 PS), wie die Baureihe Ju 52/3mg6e, jedoch zusätzlich mit einer Siemens Kurssteuerung K4ü ausgerüstet.

Ju 52/3mg9e, Transportflugzeug, Landvariante, Motore 3 x BMW132A (3x 660 PS), entsprach der Baureihe Ju 52/3mg4e, jedoch als Tropenvariante mit zusätzlich klimatisch bedingter Spezialausrüstung ausgestattet, daher auch als Ju 52/3mg4e trop bezeichnet.

Ju 52/3mg10e, Land-Transportflugzeug, Motore 3 x BMW 132Z (3 x 660 PS), entsprach der Baureihe Ju 52/3mg6e, jedoch ohne Enteisungsanlage. An der rechten Rumpfseite befand sich eine dreiteilige vergrößerte Ladeklappe. Das Fahrwerk war ohne die charakteristische aerodynamische Radverkleidung. Dafür besaß der Achsenknotenpunkt des Fahrgestells eine Schutzverkleidung.

Ju 52/3mg11e, Land-Transportflugzeug, Motore 3 x BMW 132Z (3x 660 PS), sonst wie Baureihe Ju 52/3mg10e, jedoch mit eingebauter Enteisungsanlage.

Ju 52/3mg12e, Land-Transportflugzeug, Motore 3 x BMW 132T (3x 800 PS), entsprach der Baureihe Ju 52/3mg11e, jedoch mit einschiebbaren Panzerplatten gegen Beschuss.

Ju 52/3mg14e, Land-Transportflugzeug, Motore 3 x BMW 132L (3x 800 PS), wie die Baureihe Ju 52/3mg8e, jedoch mit variablen Panzerplatteneinbau gegen Beschuss. Es war die letzte Baureihe der Ju 52/3m.

Ju 52/3mg-MS, Minensuchflugzeug, Motore 3 x BMW132T (3x 800 PS), entstand durch Umbau von Maschinen der Baureihen Ju 52/3mg4e bis Ju 52/3mg6e. Die Flugzeuge waren vorrangig mit verstellbaren Junkers-Hamilton-Luftschrauben ausgestattet.
Der große Minensuchring, die sogenannte Mausischleife, befand sich auf der Rumpfunterseite. Mit deren Hilfe konnten auf See Magnetminen zur Sprengung gebracht werden. Ein separater Stromgenerator erzeugte die benötigte Leistung

Dokumentation

zur Deckung des Strombedarfs der energiereichen Widerstandsschleife.

Ju 52/3mgN, „Nürnberg", Langstrecken-Land-Transportflugzeug und -Lastenschlepper, Motore 3x BMW 132T (3 x 660 PS), Aufbau und Gliederung entspricht der Ju 52/3mg4e, jedoch ohne:
- den A-Stand, der sogenannten Condorhaube;
- den C-Stand mit ausfahrbaren MG-Topf;
- das hintere Bombenabwurf-Vertikalmagazin.

Dafür zusätzliche Reichweitenerhöhung durch 3 x 525 Liter Kraftstoffbehälter (Gesamt: 3.975 l). Durch Einbringung eines Großtanks mit mehreren Schotts und einer Zapfanlage war die Maschine auch als Kraftstofftransporter einsetzbar. Zusätzliche Einbauten: Enteisungsanlage für Leitwerk und Luftschrauben sowie doppelte Instrumentierung; Funktechnische Ausrüstung: Bordfunkanlage FuG3aU mit Peil G5 und FuBl1 sowie der Patin-Fernkompass-Anlage; Bewaffnung: Beidseitig des Rumpfes befanden sich je zwei Fensterlafetten mit 4xMG 15; im vorderen Rumpfbereich war ein Abwurf-Vertikalmagazin 1x DSAC 250/VIII, darin wurden wahlweise Spezial-Abwurfbehälter bzw. 300-kg-Bomben mitgeführt.

Ju 52/3m, Fliegender Prüfstand, Sonderausführung, entsprach in der Grundausführung der Ju 52/3mg4e, Einsatz als fliegender Mess-, Test- und Prüfstand in Dessau und in Rechlin zur Flugerprobung neuer Flugmotorenmuster, wie den BMW 801, den DB 601, DB 603 und DB 605, den Jumo 205, Jumo 207, Jumo 211, Jumo 213 und Jumo 222. Die Abgas-Turbolader-Entwicklung entstand im Wesentlichen durch die praktischen Versuche der fliegenden Ju-52-Prüfstände.

Ju 52/3m, sogenanntes Mehrzweck-Flugzeug, Seitenmotoren: 2x BMW 132T (2x 800 PS) und stärkerem Mittelmotor, mit NACA-Haube und verstellbarer Dreiblatt-Luftschraube ausgestattet. Kam in der Luftwaffe, Kriegsmarine und Wehrmacht meist als Kurier- bzw. Stabsmaschine für Verbindungsflüge und als fliegender Befehlsstand zum Einsatz.

Die Crew der D-AQUI mit dem Flugkapitän Heinz-Dieter Bonsmann und dem Autor bei der Präsentation des Buches „Die legendäre Ju 52" während des Magdeburger Flugplatzfestes 2003. Foto: Erfurth/Dessau

Ebenfalls erhältlich ...

TYPENATLAS BUNDESWEHR
Flugzeuge und Hubschrauber der Luftwaffe
Wolfgang Mühlbauer · Herbert Ringlstetter
ISBN 978-3-86245-325-2

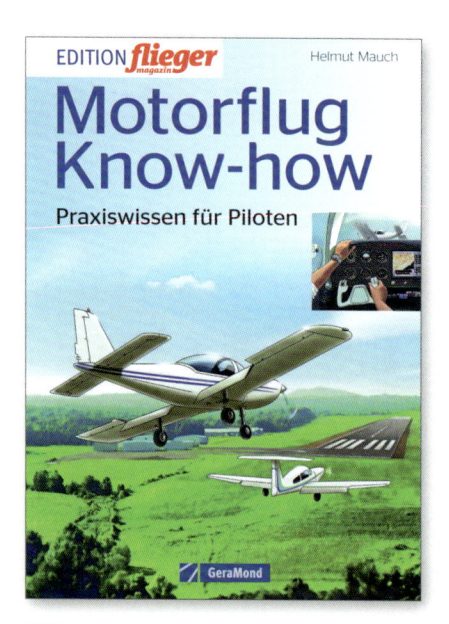

Militär-Flugzeuge
Jets und Propellermaschinen
Das aktuelle Typenbuch
Gerhard Lang · Wolfgang Mühlbauer
ISBN 978-3-86245-321-4

Motorflug Know-how
Praxiswissen für Piloten
EDITION flieger magazin · Helmut Mauch
ISBN 978-3-86245-327-6

Flieger-Asse und Kanonenfutter
Deutsche Jagdflieger im Zweiten Weltkrieg
Peter Cronauer
ISBN 978-3-86245-329-0

GeraMond
www.geramond.de